t r a n s
p o s i t i o n s

Alexander Kluge / Joseph Vogl

Crédit et débit
Entretiens télévisés

Traduits de l'allemand par
Magali Jourdan & Mathilde Sobottke

diaphanes

La télévision allemande a diffusé
une quarantaine d'entretiens d'Alexander Kluge avec Joseph Vogl,
dont cet ouvrage propose une petite sélection.
Non simplement retranscrits, ces entretiens ont été corrigés et remaniés
pour la présente publication.

UNE PETITE HOLLANDE
SUR LES ÎLES AUX ÉPICES

BATAVIA /
LE CAPITALISME PRIMITIF EFFRÉNÉ DANS
LES INDES ORIENTALES

Vogl : La particularité des Pays-Bas résidait notamment dans leur régime politique inhabituel. D'une part, les Provinces-Unies, qui s'étaient détachées de l'Espagne, disposaient d'une faible infrastructure étatique : elles étaient, tout au plus, une union lâche de villes et de provinces. D'autre part, elles se distinguaient par une structure économique « surcodée » très forte. Cette tension interne des Pays-Bas – un des États les plus capitalisés d'Europe, ne disposant cependant que de faibles structures étatiques, c'est-à-dire institutionnelles et souveraines – faisait leur particularité et les apparentait politiquement à la mer. C'était un pays entre terre et eau, entre étendues sillonnées et étendues lisses, où l'élément liquide était venu s'ajouter à la terre ferme, à la loi, aux champs, posant les questions : comment s'approprier la mer ? comment l'exploiter ? comment la sillonner ?

Kluge : Que veut dire « économie surcodée » ?

Vogl : « Économie surcodée » désigne, d'abord, un capitalisme en surchauffe, un capitalisme primitif effréné, en expansion.

Kluge : Les Pays-Bas l'ont inventé, en quelque sorte. Avec les Italiens.

Vogl : Inventé peut-être pas, mais ils ont, bien sûr, rapidement importé les acquis des Italiens, la comptabilité entre autres. Il est intéressant, par exemple, que Simon Stevin, l'un des conseillers de

Guillaume d'Orange, ait été l'un des premiers, au Moyen Âge tardif, à proposer d'importer des villes d'Italie du Nord le principe de la comptabilité à partie double, et de l'appliquer à l'État lui-même. Cela veut donc dire que cette union d'États, cette union lâche des institutions publiques des Pays-Bas, a eu très tôt l'idée d'« économiser l'État », c'est-à-dire de faire de l'État lui-même un institut économique, une entreprise, une société de capitaux. Et je crois que c'est cette spécificité des Pays-Bas qui les a démarqués de tous les autres États européens.

Kluge : Les champs aussi peuvent être classés : par variétés de tulipes, comme en comptabilité ; il y a alors une bourse des tulipes, un boom.

Vogl : Il y a un boom des tulipes et même une monnaie de tulipes, par exemple. Ce qui est arrivé aux Pays-Bas est bien le signe que tout ce que l'on peut raréfier est, au fond, capitalisable. Tout bien rare est un pari économique. Et ajoutons à cela que l'une des plus grandes banques de l'époque était la banque de change d'Amsterdam. Dans le maillage financier européen de l'époque, il y a eu, d'abord, la banque d'Amsterdam et, plus tard, la banque d'Angleterre : deux des institutions financières centrales, des banques centrales existant depuis le XVIIe siècle.

Kluge : Et c'est dans cet esprit que l'on est alors entré en possession d'une partie lointaine du monde : les îles d'Asie du Sud-Est, Java, mais aussi l'archipel tout entier – dans la mesure où les Portugais ne l'occupaient pas déjà.

Vogl : Il s'agit d'une configuration relativement compliquée. On ne peut pas dire que les Néerlandais aient navigué sans peine vers ce que l'on appelle les Indes orientales. Ils sont partis, notamment parce qu'après le soulèvement des Pays-Bas contre l'hégémonie espagnole, l'Espagne, qui avait annexé le Portugal, leur interdisait les échanges avec Lisbonne et l'ensemble des ports ibériques. C'est la raison pour laquelle les Hollandais se sont mis en quête de leurs propres itinéraires vers les îles du poivre et les îles aux épices.

Kluge : Cela veut dire qu'ils étaient obligés de faire commerce avec des pays lointains.

Vogl : Tout à fait. Comme cela a été souvent le cas. Ils ont été, pour ainsi dire, détachés de l'Europe et ont pris la route via le cap de Bonne-Espérance, via l'Afrique, via l'équateur et la dérive des vents d'ouest, jusqu'en Australie, pour finalement aborder les îles des Indes orientales : Sumatra, Java, les Moluques, etc.

Kluge : … et s'y établir. Ils y fondent des colonies. Pas tant au sens où ils asserviraient la population indigène, mais au sens où ils s'implantent : ils établissent une petite Hollande.

Vogl : Ils créent de petites zones de peuplement qui ont, néanmoins, un caractère intéressant. D'abord, ces implantations étaient réellement pensées depuis la Hollande, mêlant une fois de plus, de façon curieuse, intérêts politiques, économiques et institutionnels. La Hollande a en effet fondé la Société unie des Indes orientales, la Compagnie des Indes orientales : une sorte de société anonyme…

Kluge : … une société anonyme pour aristocrates bourgeois et fortunés. On n'acceptait pas n'importe qui.

Vogl : Exactement, mais la Compagnie des Indes orientales était tout de même une chose très hybride. D'une part, c'était une forme primitive de société anonyme : les diverses villes et provinces néerlandaises achetaient des parts et percevaient des dividendes de cette société ; mais d'autre part, cette société avait une organisation entièrement militaire : les bateaux de la Compagnie qui abordaient les Indes orientales apportaient avec eux une armée de mercenaires recrutés en Europe. Et un troisième aspect – vraiment décisif – est que la Compagnie des Indes orientales possédait certaines caractéristiques d'un État dans l'État, à savoir la faculté d'établir souverainement des lois, de créer une juridiction, etc. C'était un mélange hybride d'État, d'armée de mercenaires et de société anonyme, et cette incarnation des structures d'organisation européennes – administration, État, armée, capital –, cette incarnation de différentes conceptions de l'administration ou de l'organisation, a pris alors la route des Indes orientales et s'y est implantée.

Kluge : Et s'implanter signifie introduire une comptabilité et faire la distinction entre valeur et non-valeur. On sanctionnait les délits dans les régions excentrées ; il existait donc une juridiction, mais il s'agissait d'une juridiction répressive.

Vogl : C'est une juridiction qui se distinguait, sur un point, de la juridiction européenne, c'est-à-dire du droit des États européens : elle était dictée soit par le droit de la guerre soit par le droit maritime. Là où s'étaient implantés les Hollandais régnait une guerre latente et incessante. La Compagnie des Indes orientales, ses agents et ses membres, les commerçants, grands ou petits, les capitaines et les marins, les mercenaires, tous relevaient du droit de la guerre et non pas, comme en Europe, du droit pénal habituel.

Kluge : Chez nous, la guerre de Trente Ans prend fin. Un droit interne se forme, une étatisation du pouvoir, un monopole du pouvoir – mais il n'est pas en vigueur outre-mer.

Vogl : Exactement. Il existe donc une excroissance de l'Europe, une délocalisation ou une création de multiples filiales. Mais concernant la communication entre le centre – la vieille Europe – et la périphérie, il est intéressant de noter qu'au moment où, en Europe, les États territoriaux et nationaux se consolident, au moment où les traités de Westphalie établissent un équilibre des forces, prolongé et renforcé par divers traités jusqu'à ceux d'Utrecht, l'Europe exporte une guerre permanente par l'intermédiaire de la Compagnie des Indes orientales ou des colonisations anglaises, par exemple. Au fond, l'Europe exporte un état de nature qu'elle avait aboli à l'intérieur de ses propres frontières.

Kluge : Le terme colonie est-il vraiment approprié ?

Vogl : Non, pas tout à fait. Il y a cette phrase très célèbre de John Locke : « Au commencement, tout était Amérique. » Cela signifie que le commencement du monde se situe dans toutes ces régions, qui, premièrement, n'étaient pas chrétiennes, qui, deuxièmement, n'avaient pas été parcourues par les Européens et qui, troisièmement, ne faisaient pas partie intégrante du paysage politique européen. Or, à l'époque, les Hollandais ne pratiquaient pas cette forme de colonisation consistant à évangéliser ou à instaurer des structures étatiques ; ce qui les intéressait avant tout (et c'est ce qui rend si particuliers des endroits comme Batavia), c'était de fonder des établissements commerciaux qui, au début, n'étaient rien d'autre que des bases pour des conquêtes militaires et des centres pour le transbordement de marchandises.

Kluge : Des entrepôts. Comme ce que les Celtes appelaient « oppidum » ; d'ailleurs, les Romains s'étonnaient de ce qu'il n'y ait pas de villes en Gaule, mais seulement des granges fortifiées dans lesquelles la population se réfugiait en cas d'urgence. Mais ces implantations servaient, en réalité, à stocker les marchandises. À l'évidence, les Hollandais ont transporté ces idées outre-mer par bateaux.

Vogl : Et cela n'intéressait pas du tout les Hollandais de défricher des territoires comme Java. Il s'agissait davantage d'implantations éparses, reliées entre elles par des voies maritimes…

Kluge : … installées aux embouchures…

Vogl : … et isolées de multiples façons. Tout d'abord, comme à Batavia, par une forteresse. Derrière, il y avait l'enceinte de la ville, puis la forêt vierge et puis plus rien. Derrière cette frontière commençait le pays ennemi, et avec lui la guerre incessante, éternellement prolongée. Il ne s'agissait donc pas de créer un territoire, ni un territoire national, ni une unité administrative cohérente, mais seulement des filiales isolées d'une société commerciale, dans lesquelles existait justement ce surcodage européen, tel droit, tel échange économique, telles structures administratives. Mais au-delà, c'était – si je puis dire – un no man's land. À partir de ces endroits, qui étaient en quelque sorte des centres de coordination, des synapses, des relais d'un immense échange commercial, les Hollandais ont tenté de défricher les îles des Indes orientales. C'était la première tentative de défrichement d'un territoire grand comme la vieille Europe, qui s'étendait alors jusqu'à l'Oural, non pas par la définition d'unités territoriales, mais par des carrefours et des nœuds de communication. On cherchait à créer un réseau ; et Batavia sur l'île de Java était un axe essentiel de ce réseau, un nœud central.

Kluge : Le nom Batavia vient des Bataves. C'est le nom du peuple gaulois que César a vaincu.

Vogl : C'était un petit peuple germanique dans le delta du Rhin, je crois, que César a vaincu, et qui, au cours de l'histoire, a donné son nom aux Hollandais, puis aux Néerlandais et, finalement, à la République batave créée par Napoléon. Le nom de Batavia est lié au système de transport européen d'une façon particulièrement intéressante ; en effet, lui aussi a été détaché de l'Europe, pour réapparaître sur Java et revenir ensuite en Europe, pourvu d'une renommée et d'une charge sémantique étranges. Peut-être faudrait-il préciser que Batavia, qu'aujourd'hui d'ailleurs on appelle Jakarta...

Kluge : C'est son nom indonésien, un nom indigène.

Vogl : ... que Batavia a été bâtie sur les lieux d'une ancienne implantation indigène du nom de Jayakarta, Jacatra ou Jakarta.

Kluge : Que transporte-t-on par bateaux vers l'Europe ? En quoi consiste la richesse ? Puisqu'il y a une aura de richesse... On n'a quand même pas trouvé de l'or ?

Vogl : Non, non. Dans un premier temps, on transporte essentiellement des épices, auxquelles s'ajoutent des bois précieux par exemple, mais il s'agit d'abord – point décisif pour la Hollande – d'un commerce d'épices : on importe des sacs de poivre. La Compagnie des Indes orientales s'est employée à remporter le monopole dans toute la région et elle a imposé ce monopole de toutes ses forces, tant contre ses concurrents européens que contre les princes indigènes. C'est grâce à ce monopole des épices, qui a eu beaucoup d'importance jusqu'à la fin du XVIIIᵉ siècle, que le nom de Batavia est véritablement devenu synonyme d'une immense richesse. C'est aussi le parfum de la richesse que l'on importait, le parfum des sources financières inépuisables qui ont inondé l'Europe, depuis Batavia, via la Hollande et Amsterdam. Le mythe de cette richesse a même atteint l'opérette.

Kluge : « J'ai vécu sept ans à Batavia », dit l'opérette de Künnecke, *Le Cousin de Trucmuche.*

Vogl : Trucmuche, le lieu Trucmuche, c'est Batavia, et la forme de cette opérette est très comique...

Kluge : Le cousin de Trucmuche est un cousin imaginaire, qui n'existe pas. Devenu riche, il ramène de Batavia le bonheur dans l'Allemagne de 1918.

Vogl : Je crois que c'est encore un peu plus compliqué...

Kluge : L'Empereur allemand a disparu aux Pays-Bas, et voilà que, sans qu'on sache comment, le bonheur, le salut arrive de Batavia, de cette colonie, d'un monde insulaire en Allemagne, sous la forme d'une opérette...

Vogl : La configuration est, je crois, encore un peu plus intéressante, car l'Empereur a bel et bien fui dans une ville du Sud-Est de la Hollande et il y a vécu jusqu'à la Seconde Guerre mondiale. Non loin de là se trouve le lieu de l'action de cette opérette, dans un petit château. C'est donc la première configuration intéressante, un échange : on exporte l'Empereur et, en même temps, on importe la richesse en Allemagne, via ce petit village néerlandais, lieu de l'action de l'opérette *Le Cousin de Trucmuche.* Deuxième configuration intéressante : l'opérette est jouée pour la première fois en 1921 – l'inflation sévit déjà, mais le florin hollandais reste stable, ce qui, du point de vue allemand, apparaît comme synonyme de richesse. Cela établit une double relation spéculaire : exportation de l'Empereur et importation de la richesse, inflation en Allemagne et monnaie stable en Hollande. Mais ensuite – et c'est encore un autre aspect – entrent en scène des personnages qui sont, en quelque sorte, les parasites de la vieille Europe : l'oncle et la tante. Un des premiers airs parle de l'oncle et de la tante. Et qui sont-ils ? Des parasites...

Kluge : ... qui veulent être entretenus.

Vogl : Absolument. Ce sont des parasites au sens fort : il y a un domaine qui rapporte de l'argent, et avant que la jeune héritière ne soit majeure, oncle et tante, en tant que tuteurs, vivent de et sur ce domaine. Une vieille histoire.

Kluge : Ils prennent pour ainsi dire la vie de cette jeune fille en gage, comme une hypothèque : elle doit faire un mariage d'argent.

Vogl : Elle doit faire un mariage d'argent, et elle doit, avant tout, se marier de sorte que cette rente viagère, cette pension complète, ne s'arrête jamais, qu'elle dure toute la vie. C'est une configuration de base. Et dans cette configuration, conçue comme une situation politique et fiscale européenne très compliquée, le cousin arrive de Trucmuche ; un cousin fabuleux arrive, et avec ce Trucmuche...

Kluge : ... avec quelque chose que l'on ne peut même pas nommer. Cette source de richesse n'existe ni à Tahiti, ni où que ce soit, mais on chante : « À présent, il arrive de Batavia. »

Vogl : « Il arrive de Batavia à présent » et Batavia est le signe, ou le chiffre, de deux réalités : d'un côté, les richesses infinies, de l'autre, le paradis des mers du Sud où « colibris » rime avec « amour au paradis » et « kangourous » avec « gnous ». C'est devenu le condensé de tous les exotismes européens possibles.

Kluge : Dans *Le Stechlin*, Fontane décrit un lac brandebourgeois qui vibre, qui donne un signe de vie à chaque fois qu'il se passe quelque chose de grave en Indonésie, que ce soit un massacre ou une éruption volcanique. Il parle d'une empathie entre le vivant et les eaux qui s'étend à l'échelle de la planète toute entière. Est-ce qu'une chose semblable existe ?

Vogl : Oui, et on pourrait la définir comme un système nerveux d'envergure mondiale. Au fond, ce système nerveux existe déjà depuis les XVIIᵉ, XVIIIᵉ siècles, et ce système nerveux...

Kluge : ... en tant que conscience, en tant que texte...

Vogl : ... plutôt en tant que sensibilité : comment être sensible aux continents lointains ? Comment organiser les économies émotionnelles de sorte qu'un événement en Chine puisse avoir des effets en Europe (c'est-à-dire aussi des effets en tant qu'affects) ? Cela a déjà été décrit à cette époque. Au XVIIIᵉ siècle, il y a des économistes qui écrivent que l'erreur d'un empereur ou d'un ministre en Chine peut désorganiser l'Europe tout entière. Une économie mondiale naissante en est la condition préalable. L'agressivité économique de l'Europe à l'échelle mondiale fut en effet à l'origine d'une première poussée de mondialisation, qui aboutit à la création de voies nerveuses entre l'Europe et l'Asie, l'Europe et l'Amérique. Voilà à quoi nous avons affaire avec toutes ces colonies. Ces connexions, de même que ce système nerveux, cette aptitude à être sensible aux continents lointains depuis l'Europe, sont fabriqués économiquement et technologiquement. Le progrès des techniques de navigation joue bien sûr un rôle décisif là-dedans. La navigation improvisée se technicise, d'un côté avec l'introduction du compas (à partir de la Renaissance), et de l'autre avec le perfectionnement des montres au XVIIIᵉ siècle. Dès lors, on a pu emporter le temps européen sur les bateaux et calculer sans difficulté les degrés de longitude.

Kluge : Et mesurer aussi en temps le zèle, l'application. Le travail se mesure en temps...

Vogl : Absolument. On a transporté sur les bateaux ces acquis technologiques européens, qui sont aussi des acquis psychotechniques, jusqu'au gyrocompas vers 1900, une invention qui facilite encore davantage la navigation et le maintien de la route. Je crois que le sujet moderne européen possède en lui, à son tour, une sorte de gyrocompas, des instruments de bord pour naviguer. Détaché du continent européen, il connaît toujours son adresse et l'adresse de retour en Europe, il est calibré et orienté ainsi. C'est un premier aspect : une organisation technologique qui établit un système nerveux entre l'Europe et les confins du monde. Un deuxième aspect, que nous avons déjà abordé, est bien sûr la comptabilité. La comptabilité a une importance politique mondiale notamment parce qu'elle permet à partir d'une feuille de papier, c'est-à-dire grâce à la gestion des comptes et grâce au report des crédits et des débits, de gouverner et de diriger, depuis un comptoir, des bateaux, des établissements, des implantations et des organisations commerciales situés dans des régions lointaines. Ces deux technologies – la comptabilité et la navigation des bateaux – ainsi que toutes les psychotechniques que les individus européens emportent avec eux, font de l'Europe le centre d'un réseau nerveux qui peut tester sa propre sensibilité jusque dans ses parties les plus éloignées.

Kluge : Voilà donc une sorte de gnome, une sorte de sage, une sorte de Nain Tracassin. L'idée, finalement, c'est que l'homme, ce tout petit être dans son comptoir, puisse s'emparer d'un empire immense…

Vogl : Oui, il a quelque chose d'homonculaire, il ressemble à un homoncule…

Kluge : … à un homme artificiel, l'homme moderne économique est un artefact…

Vogl : … volatil, donc fugace – comme l'homoncule dans le *Faust* de Goethe, enfermé dans une fiole, flottant au-dessus de tout…

Kluge : Il y a cette figure qui vit en Hollande, le Gobseck de Balzac. C'est un grippe-sou qui n'aime qu'un seul être vivant : sa fille. Lui, par exemple, est-il un comptoriste de ce type ? De toute évidence, il est riche, en relations notamment. Avare et riche en même temps.

Vogl : C'est difficile à dire. Tout d'abord, depuis la fin du XVIIe et le début du XVIIIe siècle, et ce serait une première réponse, les vieux péchés capitaux chrétiens connaissent une réévaluation saisissante. L'avarice par exemple. L'avarice est tout à coup perçue comme une anormalité tout à fait intéressante d'un point de vue économique…

Kluge : … une anormalité utile…

Vogl : … oui, que l'on peut permuter avec d'autres vices. Cela signifie que si l'on rapproche ces deux péchés capitaux que sont d'un côté la gourmandise – ou, mettons, la dilapidation – et de l'autre l'avarice, ils communiquent. Les économistes de la première heure disent qu'il est possible de construire un système des passions dans lequel les péchés capitaux les plus divers, s'ils sont reliés les uns avec les autres, s'ils forment des vases communicants, s'amortissent et contribuent même, dans l'ensemble, à l'intérêt commun. Ils deviennent alors productifs et acceptables.

Kluge : C'est la conviction d'Emmanuel Kant, qui dit qu'une république de démons peut générer prospérité et moralité à condition d'avoir une législation.

Vogl : De ce point de vue, Kant est un réaliste. Il va jusqu'à dire que nous ne pouvons pas, que nous ne devrions pas construire de république, de loi ou d'État pour les hommes bons. Lois, États et institutions ne fonctionnent que s'ils sont conçus pour une société de démons. C'est une pensée que l'on retrouve tout au long des Lumières. Et cela vaut pour l'avarice : le grippe-sou est celui qui devient économiquement productif quand il se mêle, pour de bon, à d'autres registres de péchés.

AVARICE ET « SOIF ABSTRAITE DE JOUISSANCE »
–
LE CŒUR DU CARACTÈRE BOURGEOIS
D'APRÈS MARX

Kluge : Marx distingue l'« avarice » de la « soif abstraite de jouissance ». Il ne s'agit pas de l'avarice en général, mais de la capacité à se priver et à économiser. La soif abstraite de jouissance, quant à elle, signifie « Je ne consomme pas tout et mes valeurs suprêmes sont aussi éloignées que l'est le royaume des cieux, que l'est Batavia. »

Vogl : Cela va peut-être encore plus loin. Au fond, chez Marx, la soif abstraite de jouissance est une évolution capitaliste de l'avarice – la vieille avarice – car elle exige une acrobatie de la passion consistant à jouir de quelque chose dont on ne peut pas jouir : le capital et l'argent. À présent, cette chose dont on ne peut pas sentir l'odeur, que l'on ne peut pas manger et que, tout bien considéré, on ne peut pas vraiment toucher, on peut en jouir. Cette chose, c'est le capital. Générer d'énormes quantités d'argent tout en prenant plaisir à constituer un capital et en développant une passion de l'argent, une passion qui va au-delà de toute passion palpable et charnelle, c'est cela la soif abstraite de jouissance.

Kluge : Dans ce contexte, l'immortalité serait-elle la véritable promesse de bonheur ? Le capital se présenterait alors sous une forme qui me permet de jouir des réserves elles-mêmes le plus longtemps possible.

Vogl : Absolument, et c'est évidemment dans cette optique que Marx analyse la soif abstraite de jouissance. Marx comprend toujours le capital comme héritier de Dieu : là où, jadis, il y avait Dieu, apparaît le capital, comme un vrai concurrent. La soif abstraite de jouissance est, en quelque sorte, un désir manifeste de vie éternelle qui dépasse le corps physique, les besoins physiques, qui dépasse le corps mortel et qui enfante une sorte de corps astral.

Kluge : Le sentiment de toute-puissance de l'être humain, c'est-à-dire l'idée que l'être humain est capable de tout, se manifeste avec force dans la Révolution française. Les soldats qu'elle envoie savent tout faire : c'est ainsi qu'en République batave les hussards et les grenadiers français réussissent à s'emparer d'une flotte hollandaise immobilisée par les glaces. Cas unique de victoire d'une armée de terre contre une flotte. Quel est le rapport entre cette structure de toute-puissance et le caractère hollandais qui conquiert et investit l'Indonésie, ou les Indes orientales néerlandaises comme on les appelait ?

Vogl : C'est presque symbolique et allégorique, parce que ce qui fait la force de cette politique coloniale – à savoir une politique des mers et de la mobilité, une politique sans attaches stables – a échoué là-bas. La flotte immobile transforme…

Kluge : … la Hollande en une terre…

Vogl : … oui ; elle transforme aussi le pouvoir ou son projectile – le bateau comme arme de la guerre commerciale – en masse immobile : elle le territorialise. Cela montre également à la Hollande son futur destin, le destin qui fera que, tôt ou tard, ses colonies ne dépendront plus de l'organisation provisoire des relations commerciales, mais d'États territoriaux n'appartenant plus à la Hollande. Et c'est pour cela que j'en reviens à Batavia. Ce que l'on peut noter dans le cas de Batavia, c'est qu'elle n'est pas seulement un lieu de transbordement très animé, mais aussi quelque chose qui, dès le début, n'est pas connu sous cette forme en Europe, à savoir un vertigineux mélange des peuples. À Batavia sont arrivés par bateaux des gens issus de l'aristocratie commerciale, mais aussi des mercenaires – les parias de l'Europe venant des prisons, des pénitenciers, des maisons de charité – qui servaient là-bas et qui se sont très vite mêlés aux indigènes : des Chinois, des Javanais, mais aussi des Malais et même des Arabes. Batavia est devenue, très tôt, un lieu où la séparation stricte des catégories de populations, de nations, a été abolie...

Kluge : ... pas de racisme...

Vogl : ... hormis le racisme colonial de l'esclavagisme, le racisme idéologique n'a pas été favorisé.

Kluge : Mais il n'y a pas d'esclavage non plus ?

Vogl : Bien sûr qu'il y a de l'esclavage à Batavia.

Kluge : On possède des hommes, mais on n'exporte pas d'esclaves.

Vogl : Il n'y a pas de commerce d'esclaves ; la traite vers l'Amérique a été entreprise par d'autres, ailleurs.

Kluge : Mais pas depuis l'Indonésie.

Vogl : Pas depuis l'Indonésie, non. Si les Hollandais n'ont pas transporté d'esclaves par voie maritime, ils ont évidemment adopté les formes existantes – l'esclavage existait dans les principautés javanaises – et ils ont pris des esclaves comme concubines ou comme gouvernantes. Mais ce qui est intéressant, c'est que ces séparations ne pouvaient pas vraiment être maintenues : Java, et surtout Batavia, se sont très vite présentées comme l'incarnation même de l'espace de population uniforme où tout se mélange avec tout, une sorte de Babylone des Temps modernes.

Kluge : Au moment où les Japonais conquièrent Singapour, la flotte néerlandaise part au combat, telle une flotte de l'Otan, renforcée par des navires australiens, anglais et américains. C'est un échec total : tous les bateaux hollandais sont coulés, mais une flotte imposante avait appareillé, encore une fois, sous le commandement d'un amiral néerlandais. C'est un moment historique, 1941-42.

Vogl : Je crois que, dans ce contexte, et particulièrement en ce qui concerne la Hollande et la Compagnie des Indes orientales (qui fut l'incarnation de la Hollande dans les régions coloniales du Sud-Est asiatique), il y a un aspect d'un côté ultramoderne de l'autre devenu totalement désuet et qui à partir du XVIIIe siècle ou du moins au XIXe siècle a également conduit à la défaite de la Hollande. Il s'agit précisément de la connexion entre économie capitaliste, État et armée de mercenaires. Au XIXe siècle, les Néerlandais ont en effet failli sur deux points, concernant leurs régions d'Asie orientale. Premièrement, ils ont négligé de faire ce que faisaient les Anglais. Ces derniers avaient introduit des structures étatiques dans leurs colonies, la juridiction anglaise aux Indes, à Ceylan, à Singapour, etc. Les Anglais ont fait ce que l'on peut appeler une *nation building*, et ils ont essayé d'instaurer des structures coloniales fédérales, en relation avec le Royaume-Uni. C'est la première chose que les Néerlandais ont négligée, et la deuxième...

Kluge : Ils ont administré leurs territoires comme un domaine.

Vogl : Exactement, comme on gérerait un domaine ou une filiale. Les Anglais, contrairement aux Hollandais, ont établi non seulement un ordre juridique valable également pour les indigènes, mais aussi des structures administratives, des infrastructures, un système de transports, etc. Ils ont ainsi pu poser les fondations des futurs États-nations, et ce, quel que soit le degré de complexité que ces structures ont pu prendre par la suite. C'est le premier point. Le deuxième point, que les Hollandais n'ont pas compris dans l'économie de plus en plus libérale des XVIIIe et XIXe siècles, concerne la nouvelle idéologie de l'intérêt. Cela signifie que l'on ne peut plus se contenter de forcer les gens à faire du commerce, mais qu'il vaut mieux tabler sur leurs intérêts, qu'il faut suggérer des intérêts, au sens de ce que dit Adam Smith. Les Hollandais ont continué à commercer avec les Indes orientales d'une manière presque féodale. Tout compte fait, ils ont confisqué des biens, forcé au commerce et appelé commerce l'obligation de corvée des indigènes. En réalité, c'étaient des conditions féodales, du vol et de la confiscation de biens. Les Anglais, eux, ont compris que miser sur un intérêt mutuel entraînait des bénéfices plus conséquents et une productivité économique bien plus élevée. On pourrait voir là une bifurcation entre l'ancienne politique hollandaise et la nouvelle politique anglaise. Sur ces deux points – la question d'une infrastructure d'État-nation à laquelle les Hollandais ne se sont jamais intéressés ainsi que la nouvelle économie libérale et l'idéologie de l'intérêt réciproque – la Hollande, l'autorité de la Hollande outre-mer, a été dépassée et s'est effondrée.

Kluge : Mais le fait que Heinrich von Kleist choisisse, dans *La Cruche cassée*, une situation hollandaise pour représenter une situation bourgeoise et un différend juridique, attire l'attention sur le fait qu'au cours de leur histoire, les Hollandais ont produit une forme de caractère bourgeois pur (ou presque), de sorte qu'il existe un bourgeois continental, un bourgeois français, batave, britannique, et américain. Autant de bourgeois que de grandes excursions.

Vogl : Et d'ailleurs, ils se ressemblent sur différents points…

Kluge : … mais l'homme bourgeois, au sens général, n'existe pas…

Vogl : Non, il y a un sujet bourgeois, plus ou moins informe, qui a la capacité de s'adapter à chaque fois à des situations contingentes différentes, c'est-à-dire de maîtriser en stratège la situation, le *statu quo*.

Kluge : Mais il faudra voir, au cas par cas, comment il s'adapte, s'il se comporte avec civilité, et ce qu'il fait dans les colonies ou chez lui.

Vogl : Oui, et dans ce contexte, la configuration hollandaise, y compris celle que convoque Kleist, est de nouveau très féconde et particulièrement intéressante sur un détail : dans *La Cruche cassée*, Kleist présente un drame autour d'un juge corrompu. Ce juge corrompu veut forcer une jeune femme à lui faire quelques faveurs en menaçant d'envoyer, au moyen d'une fausse conscription, son fiancé à Batavia, donc dans les colonies néerlandaises. Ce qui est frappant, c'est qu'au moment où Kleist écrit sa pièce, il semble que les colonies hollandaises incarnent aussi désormais l'horreur. On y envoie des mercenaires, des conscrits, des personnes enrôlées de force, et la moitié d'entre eux meurt déjà...

Kluge : ... à cause de la fièvre ou sous les coups de l'ennemi...

Vogl : ... lors de la traversée. Ce qui se révèle ici, et c'est là où je veux en venir, est de nouveau une résonance ou une correspondance particulière : un juge corrompu, dans sa métropole européenne, dans sa campagne idyllique, s'associe aux confins, à la nature sauvage, à l'absence de droits, à la guerre interminable qui règne à Batavia. Une relation intime qui renvoie au fait que la paix, la paix juridique, la civilité ou la « citoyenneté » en Europe sont acquises au prix d'une débauche de violence au-delà des frontières européennes, au prix d'un état de nature, d'une guerre de tous contre tous, d'une concurrence de tous les concurrents européens les uns contre les autres, d'un carnage qui, même dans la comédie de Kleist, affecte toute l'Europe.

Kluge : Et qui est d'autant plus terrible que nous souhaitons avoir l'idylle chez nous.

Y A-T-IL UN PROTOTYPE
DU COLONISATEUR HOLLANDAIS ?

Kluge : Y a-t-il un prototype, un homme qui serait représentatif du tempérament hollandais de l'individu bourgeois, de l'individu résolu ?

Vogl : Oui, on peut dire qu'un prototype, historiquement réel, existe. C'est le premier Gouverneur de la Compagnie des Indes en Asie du

Sud-Est, Jan Pieterszoon Coen. Un prototype qui incarne la carrure particulière du sujet occidental de cette époque, un prototype qui évolue avec succès au sein de la confusion en y dégageant des distinctions sommaires : civilisation et sauvagerie, humains et barbares. Un bon produit, efficace, de l'assurance européenne, dynamique, fiable, aux convictions stables. Un sympathisant des situations claires, qui, à titre d'exemple, réduit en cendres l'ancienne Jacatra pour y construire Batavia. Ce sont ces sujets qui, avec leurs flottes, exportent la culture européenne et l'art européen de la distinction en Asie du Sud-Est, au début du XVIIe siècle.

Kluge : Ils accumulent des connaissances...

Vogl : Ils accumulent, et ont accumulé, des connaissances, et celles-ci sont utilisées pour élaborer une nouvelle Europe à partir de son côté sombre. Cela a lieu au-delà des lignes d'amitié, dans la nature sauvage, par le contact avec les barbares, et cela se fait avec des préceptes tel celui de Coen lui-même : « Pas de commerce sans guerre et pas de guerre sans commerce. » En situation de guerre, là-bas, le commerce de qualité est de meilleure qualité encore ; cela fera la richesse, l'essor et l'avenir des Pays-Bas.

Kluge : Ce que vous dites me fait penser à ce pouvoir de distinction catégorique qui appartient aujourd'hui à la Maison Blanche, tant aux jeunes conseillers qu'au président. Je trouve que cela y ressemble assez, en fin de compte.

Vogl : Oui. Au-delà de tous les liens de parenté et de toutes les ressemblances génériques, la politique consiste à établir des classes d'hommes (et les Pays-Bas s'y sont livrés aux côtés d'autres pays), à convenir d'échelons qui, souvent, sont aussi des échelons géographiques. Carl Schmitt a dit un jour que la politique, en tant qu'art de la discrimination, obéit à l'ordre suivant : territoire national, colonie, protectorat, exterritoire, nature sauvage et enfin les mers. Ce sont des échelons et des réserves où vivent des espèces humaines différentes, avec des accès différents au pouvoir et au droit. Et ce que les États-Unis pratiquent à l'heure actuelle, c'est un jeu de différenciation politique presque aussi performant. Il y a l'Américain et il y a l'Européen, il y a l'Européen central et l'Européen de l'Est, le vieil Européen et le nouvel Européen, il y a les Alliés et les non-Alliés, et parmi les non-Alliés, il y a les meilleurs et les moins bons...

Kluge : Les obéissants et les désobéissants...

Vogl : ... et cætera. Ce qui signifie que la politique consiste à combiner pluralité des espèces humaines et proximité variable à l'égard du pouvoir et du droit. Toute politique, même celle d'aujourd'hui, est une anthropologie politique, c'est-à-dire une théorie sur les hommes, une théorie des similitudes humaines entre spécimens génériques isolés allant jusqu'aux barbares ou jusqu'aux loups-garous, jusqu'à ceux qui nous épient aux frontières, nous assiègent et contre qui chaque guerre, chaque guerre déchaînée, est justifiée.

Kluge : Qu'entendez-vous par « ligne d'amitié » ?

Vogl : La ligne d'amitié est une invention très intéressante du droit international public. Elle est issue des accords entre les nations européennes, des accords de longue haleine sur la manière dont on doit traiter les terres qui n'ont pas encore été découvertes, ni conquises, ni annexées. On a cherché à tracer des lignes d'amitié au moyen de divers traités, c'est-à-dire à marquer un méridien, qui passait jusqu'au début du XVIᵉ siècle au-dessus des Canaries par exemple. En deçà de ce méridien, le droit international public et la paix européenne sont en vigueur, de même que des règles en cas de guerre, mais au-delà de ce méridien, rien de tout cela n'est valable. Les lignes d'amitié servaient à mener des guerres limitées et à entretenir des relations polissées en Europe, au prix de guerres déchaînées dans des contrées lointaines. C'était une frontière juridique qui ne séparait pas seulement l'Europe et le Nouveau Monde, mais aussi un état de légalité ordonnée et une situation de non-droit ou, si l'on veut, un droit improvisé du conquérant.

Kluge : À tel point que, au cours des quatre derniers siècles, nous n'avons développé aucun modèle permettant d'instaurer une paix universelle sur la planète toute entière. Au contraire, la paix chez nous correspond toujours à une brutalité exceptionnelle dans les zones au-delà des frontières ; et même la superpuissance des États-Unis n'y changerait rien.

Vogl : Peut-être peut-on même dire que l'organisation du pouvoir européen, l'organisation du pouvoir occidental, est toujours liée à des zones d'exception, à des zones de retour à l'état sauvage, des zones de privation de droits organisée. Et, actuellement, ces zones prolifèrent énormément. Guantánamo sur l'île de Cuba est une zone de ce type, où aucun droit ne s'applique, ni droit international, ni droit américain, ni droit de la guerre. C'est une zone de privation définitive de droits dans laquelle vivent des individus, les détenus de Guantánamo, qui ne sont ni citoyens d'un État, ni citoyens du monde, ni soldats, mais des sujets qui ne connaissent pas d'autre forme de droit possible que celle qui leur est refusée. Cette zone de privation de droits organisée s'inscrit à l'intérieur des organisations des pouvoirs occidentaux, et les Américains sont actuellement un des grands acteurs de cette réimportation, à l'intérieur de l'État lui-même, d'une privation de droits qui est extérieure à l'État.

THÉORIE ÉLÉMENTAIRE DU « CARACTÈRE BOURGEOIS »

Kluge : De même que l'eau saumâtre dans une forêt de mangroves diffère de l'eau qui circule dans notre corps, de l'eau des océans ou de l'eau potable, il y a, dans le capitalisme et dans le caractère bourgeois...

Vogl : ... différentes qualités d'eau...

24

Kluge : ... différentes qualités, oui, et si nous rassemblions, comme dans les contes de Grimm, les chances qui sont liées à ces divers états, nous ferions quelque chose d'intéressant : nous pourrions recomposer un caractère bourgeois et l'apprendre, et, un jour ou l'autre, être à la pointe de ces conquêtes qui, quatre siècles durant, ont réuni dans les relations humaines à la fois ce qu'il y a de plus horrible, comme les savoir-faire qui ont engendré Auschwitz, et ce qu'il y a de plus bénéfique, comme l'horticulture.

Vogl : Très juste. Ce que l'on devrait exiger et qui, jusqu'à présent, n'a été tenté que provisoirement, c'est le regard zoologique : il procède à la classification historico-naturelle du sujet bourgeois en diverses sous-espèces et indique peut-être ainsi la direction que pourraient prendre son évolution ultérieure et ses possibilités de développement. C'est ce que l'on appelle la théorie des éléments...

Kluge : Seulement, on ne pourrait pas la développer en rassemblant uniquement des exemples aboutis, mais plutôt en rassemblant des miroitements, des réfractions. C'est bien cela ?

Vogl : En rassemblant des miroitements, mais aussi en disséquant, et en pratiquant l'anatomie.

CRÉDIT ET DÉBIT

À PROPOS DE L'HOMME BIEN TEMPÉRÉ

LA SEULE MUTATION QUE L'ON CONNAISSE À L'ESPÈCE HUMAINE
S'APPELLE HOMO NOVUS, LE NOUVEL ANIMAL, L'HOMME BOURGEOIS /
AVEC LUI NAISSENT LES PASSIONS BIEN TEMPÉRÉES /
NOUVELLE AVIDITÉ, CIVILISATION, ARTS CLASSIQUES ET
COMPTABILITÉ DES ÉMOTIONS

Vogl : L'individu dit bourgeois est une figure théorique, un calque doté de passions bien tempérées et qui évolue grâce à ces passions. Tous les grands héros, ainsi que les figures centrales du théâtre bourgeois, *Le Marchand de Londres*, par exemple, l'une des premières pièces de théâtre écrites selon un programme bourgeois...

Kluge : De quoi parle-t-elle ?

Vogl : C'est l'histoire d'un meurtre, l'histoire d'un jeune marchand qui nourrit une passion funeste pour une femme tout aussi funeste, qui le conduit à commettre une escroquerie, à tuer un ami et parent pour finalement mourir sur l'échafaud. Cependant, au cœur de cette pièce se trouve le marchand volé, le marchand de Londres en question, une figure paternelle qui se livre à une orchestration complexe des passions entre les différentes figures. Ce père, cet homme d'affaires pris dans la circulation des affects, repère un double danger : d'une part, un prototype excessivement passionnel, que la soif et les désirs ont écarté de la sphère bien tempérée des émotions, comme poussé par une force centrifuge ; d'autre part – et cela concerne par exemple sa fille –, un spécimen excessivement apathique, difficilement mobile et, pour utiliser le vocabulaire contemporain, mélancolique. Un spécimen pas vraiment fait pour les exigences des échanges sociaux en tout cas, car ceux-ci réclament non seulement des affaires, des intérêts, un commerce d'échange, la circulation d'argent et de crédits, mais aussi...

Kluge : ... les hommes appropriés.

Vogl : En effet. Et ces échanges s'étendent jusqu'au lit ; ce sont des échanges qui mettent en jeu toutes les manières possibles d'échanger. Ces échanges misent sur la clarification, la tempérance, la bonne tempérance des passions. Une apathie trop grande ou des passions trop fortes sont toutes deux un obstacle. On pourrait dire alors que les affaires et la poétique bourgeoises ont un aspect commun : la vague, la vibration, la sinusoïde des émotions. Ce qui est intéressant, c'est que cela correspond très étroitement aux théories de la beauté. Souvenons-nous que la célèbre ligne de beauté de Hogarth est une sorte de sinusoïde, une ligne légèrement serpentine qui, telle une note fondamentale régulière...

Kluge : ... effleure une ligne droite.

Vogl : Oui, et cette courbe est guettée par deux catastrophes possibles.

Kluge : Monopole du pouvoir signifie donc détermination, un contenant grâce auquel on parvient, pour ainsi dire, à la maîtrise de soi, à la tempérance.

Vogl : Mais, comme je l'ai déjà dit, cette détermination ne prend pas le chemin direct de la ligne droite ; c'est plutôt en suivant des lignes courbes qu'elle effleure une sorte de détermination excessivement rigide, peut-être aussi excessivement bornée, figée, et peut-être même trop autoritaire.

Kluge : À laquelle aucun être humain ne peut se tenir.

Vogl : Tout à fait, mais elle connaît aussi la catastrophe opposée, lorsque les passions ne tournent plus qu'autour d'elles-mêmes, perdant ainsi toute direction. La relation entre la ligne et le cercle –

c'est-à-dire les émotions vagabondes qui ne perdent pas totalement leur direction, leur humeur ou leur justesse – est belle et fertile. Les émotions bourgeoises vagabondent. Dans cette flânerie, l'attirail affectif développe une curiosité tout à fait particulière, une curiosité bourgeoise, une certaine réceptivité. De ce point de vue, il est capable d'arpenter et d'occuper le globe terrestre.

Kluge : Ces sentiments se manifestent-ils vraiment de la même manière à Singapour, à Tahiti, à Paris, à Londres ou dans un village ?

Vogl : Oui. Ils rendent réceptif et résistant à la fois, ils opèrent aussi bien dans le domaine du familier que dans l'inconnu, ils mettent en contact la souplesse et l'ambition. On pourrait dire que rien de ce qui est humain ne leur est étranger.

QUE SIGNIFIE BOURGEOIS ?

Kluge : Une question. Vous dites « bourgeois ». C'est quelque chose que l'on peut opposer aux paysans, à la noblesse ou bien aux clans, mais pourriez-vous me décrire – car les descriptions sont rares – ce que c'est exactement ? On fonde des commerces, on fait différemment confiance aux mains des ouvriers que ne le fait un paysan. Qu'est-ce qui est particulier au Bourgeois ?

Vogl : Le Bourgeois n'est évidemment pas une figure qui apparaît d'un seul coup et disparaît aussitôt, ce n'est pas non plus une figure dont le cadre sociologique serait clairement défini. On pourrait peut-être dire que le Bourgeois existe d'abord là où lui-même se nomme ainsi. Une auto-inscription…

Kluge : « Je suis le Tiers-État, j'ai conscience de moi-même, je me démarque des autres classes sociales », mais c'est, pour ainsi dire, la forme la plus tardive.

Vogl : C'est peut-être une forme tardive, mais elle a des précurseurs. Dans ses formes primitives, le Bourgeois est lié à la conscience d'aptitudes particulières, à des technologies précises : je crois que l'une des premières technologies bourgeoises, une technologie de base en quelque sorte, est la comptabilité, la comptabilité à partie double, une forme nouvelle et astucieuse de calcul et de gestion.

Kluge : Crédit et débit.

Vogl : Crédit et débit, établir le bilan : une occupation tranquille, effectuée assis dans un comptoir. On est assis derrière un bureau, on compte crédits et débits, excédents et déficits, et depuis cet endroit, grâce à des griffonnages dans le livre de compte, on peut manœuvrer les bateaux, diriger les richesses, maîtriser le monde et ses routes sans avoir à les parcourir vraiment. Je crois que c'est l'une des premières technologies de base qui formera l'idée que le Bourgeois se fait de lui-même.

Kluge : Qu'il s'agisse d'un comptoir ou de l'atelier d'un artisan, c'est d'abord un espace délimité, qui n'est pas un champ, et qui produit quelque chose rapportant plus qu'un champ ne le pourrait jamais. Peut-on dire cela ?

Vogl : Oui, c'est une forme d'écriture et de calcul très lucrative.

Kluge : Comme dans le cas d'un propriétaire de serres. Un métier bourgeois également.

Vogl : Ce comptoir a un certain charme, une certaine magie. L'un des premiers romans bourgeois, si l'on peut dire, un livre dit populaire, date du début du XVIe siècle : *Fortunatus*. L'histoire repose ici sur le fait que le futur Bourgeois, le futur homme d'affaires, possède deux potions magiques : d'un côté, une bourse qui ne tarit jamais, et de l'autre, un chapeau magique qui peut, par simple pouvoir de la pensée, le transporter aux quatre coins du monde. Une interprétation possible pourrait être que l'argent, intarissable et mis en circulation, s'apparente déjà à un véritable échange mondial qui concerne autant l'empereur de Chine que les vestiges de l'Égypte, la Grèce ou Augsbourg, la ville natale des Fugger et du livre *Fortunatus*...

L'HISTOIRE DE FORTUNATUS /
LA PLUS-VALUE COMME POTION MAGIQUE

Kluge : ... et l'argent travaille, alors même que l'homme dort.

Vogl : Par ailleurs, ce chapeau magique qui, en un instant, me transporte sur tous les continents, n'est autre que la comptabilité. Je suis assis à la maison, derrière un bureau, et d'un trait de plume, avec une facture ou une opération de comptabilité, je peux me transporter sur tous les continents possibles ; je contrôle des affaires sur l'ensemble du globe, à partir d'un livre, avec du papier, de l'encre et des chiffres.

Kluge : Et d'une certaine manière, c'est le seul homme nouveau à peu près réussi en 6 000 ans, et il existe en millions d'exemplaires différents ; et il peut même être bourgeois à l'intérieur, ce qui signifie : comptabilité intérieure, crédit et débit, donc culpabilité et expiation, donc noble et ignoble, avide, convenable et inconvenable et ce genre de choses.

Vogl : Ce qui est intéressant aussi, c'est que le terme journal, pour désigner le carnet intime, vient également de la comptabilité, du journal, de *giornale*. Tenir un carnet intime, rendre compte de ce que l'on fait, établir des bilans, des listes et des inventaires...

Kluge : ... l'amant écrit son journal. C'est un compte-rendu secret de sa vie intérieure.

Vogl : Dans ce contexte, deux choses me paraissent remarquables : d'un côté, le Bourgeois, l'homme bien tempéré, est la seule invention humaine vraiment réussie, un type promis à un brillant avenir. À quelques détails près, toutes les tentatives ultérieures de produire un autre homme, un homme nouveau, que ce soit dans l'expressionnisme, sous la République de Weimar, ou pendant le socialisme, ont échoué. Et tout a commencé avec la comptabilité, dans les affaires, dans l'économie psychique ; c'est ainsi que la marche triomphale du Bourgeois comme homme nouveau a véritablement commencé. Il y a évidemment des personnages particulièrement exceptionnels, des fossiles stratigraphiques en quelque sorte ; Benjamin Franklin serait l'une de ces figures. Il n'est pas seulement un homme d'affaires et, de surcroît, l'un des premiers théoriciens de l'électricité à transposer au « courant » électrique le principe du bilan, le positif et le négatif...

HOMO NOVUS / LE NOUVEL ANIMAL

Kluge : ... il est aussi ambassadeur de son pays à la cour de France. C'est un homme politique.

Vogl : Il est certes un homme politique, et en même temps, il tient un journal de façon maniaque : il ne cesse de faire des comptes intérieurs, et dès qu'il le peut, loue et glorifie Dieu et surtout, il organise ses journées entières, chacune de ses journées, selon un emploi du temps strict. C'est un prototype d'homme nouveau qui sait que rien ne doit se perdre, aucune heure, aucun objet de son ménage et, dans un contexte plus large, aucune partie de la société, aucune partie de l'État. Ainsi, l'État devient lui aussi un récipient qu'il faut fermer ; rien ne doit se perdre, et tous les éléments improductifs – les paresseux, les superflus, les immobiles – sont incités, stimulés et astreints, par des techniques de motivation complexes, et notamment par une sorte de politique des sentiments, à participer à cette communion, à cette envie générale de produire, à cette volonté de fertilité de la communauté, à ce jeu du crédit et débit.

Kluge : Aucune nation agricole, aucun peuple guerrier, pas même Gengis Khan, n'a conquis la planète comme l'ont fait la société bourgeoise et ses millions d'individus : chacun avec une comptabilité intérieure doublée d'une religiosité dans le cœur, une religiosité que l'on ne remarque pas, parfois, dans le fait de compter l'argent, mais qui est capable de mettre quelque chose de côté afin de le valoriser dans son intégralité. C'est le nouvel animal, un animal social.

Vogl : C'est un nouvel animal politique. Et dans les visions, dans les visions ultérieures que l'on se fait aussi de l'État, même dans celles des romantiques, il a été rêvé comme ci ou comme ça. Pour Novalis, par exemple, cela signifie en substance qu'un État peut devenir une unité qui fonctionne et peut fusionner avec ses sujets, à la seule condition que chacun soit capable, en lui-même, de reproduire l'État. Le grand budget de l'État exige que chacun réitère en lui-même la même économie, comme ce serait le cas dans un système fractal. Les structures de l'ensemble se reproduisent à petite échelle, dans le détail. Tout se meut, tout circule. La grande circulation de l'argent et des richesses et la petite circulation des souhaits et des désirs garantissent la cohésion du système.

LE PAYSAN GASPILLEUR

Kluge : De ce point de vue, un paysan peut donc être beaucoup plus individuel, beaucoup plus entêté et beaucoup plus solitaire qu'un homme bourgeois ne le sera jamais, car la cellule de base qui anime ce dernier est la même chez tout le monde, comme une marchandise.

Vogl : C'est vrai. En ce sens, le paysan n'est jamais un homme universel, un homme « qui agit librement » ; il n'est jamais un citoyen du monde. Il est lié à sa terre, mais il est aussi à la merci de pertes imprévisibles : les récoltes se perdent, la pluie s'infiltre dans la terre, parfois même sans avoir été utilisée...

Kluge : Des enfants meurent.

Vogl : Il vit au milieu d'une nature gaspilleuse, faite de pertes et d'usure, dans un monde de production de déchets dont l'homme bourgeois économe ne veut rien savoir.

Kluge : Mais il y a une fin qui n'est pas exploitable, c'est la mort. Au-dessus de nous, telle l'épée de Damoclès, l'heure de notre mort, et on se dépêche. Comment est enterré un Bourgeois ? Comment meurt un Bourgeois ? Quand un grand héros, un demi-dieu, un tyran, un empereur, un pape ou un seigneur meurt, il y a un enterrement en grande pompe, comme on en voit encore pour les rois en Grande-Bretagne. Mais ce n'est pas la façon dont on enterre le Bourgeois – il n'y a, du reste, presque plus rien à en tirer.

« TRAVAIL DE DEUIL »

Vogl : Je crois qu'une expression de Freud pointe et illustre la mise au tombeau du Bourgeois ; c'est la notion de « travail de deuil ». À partir de cette notion, on pourrait parler d'une sorte de « division du travail de deuil », d'un commerce entre les vivants et les morts. D'un côté, on assure sa survie grâce au testament, à l'héritage, à la propriété, au patrimoine : « tout de moi n'est pas perdu ». Et de l'autre, on doit se confronter au travail que crée la perte, la mort d'un proche : un travail silencieux, intérieur, et bourgeois justement. On laisse finalement les morts partir, on se confronte au travail de la perte et on se contente de l'héritage, du bénéfice. Un contrat générationnel, un commerce par-dessus la fosse...

MÉTÉOROLOGIE DU HASARD

À PROPOS DE LA « MAIN INVISIBLE »

DES TEMPÊTES DÉFERLENT SUR LE MONDE ENTIER /
IL EN VA DE MÊME POUR LES ZONES MÉTÉOROLOGIQUES MORALES
ET ÉCONOMIQUES DANS LA SECONDE NATURE SOCIÉTALE /
TOUS ENSEMBLE CRÉENT LA « MAIN INVISIBLE »
QUI DÉTERMINE NOTRE DESTINÉE / ELLE ATTEINT LES GENS
SELON LA LOI DU HASARD

Kluge : Il y a cette notion, ou expression, de « main invisible ». Où la trouve-t-on ?

Vogl : Entre autres chez Adam Smith. L'expression *invisible hand* désigne une relation de cause à effet qui passe inaperçue, dont la logique et le fonctionnement se dérobent à la conscience, aux yeux et à la perception des acteurs correspondants.

Kluge : Le mouvement des étoiles… Il s'agit manifestement de relations structurées ; chez Aristote, par exemple, cinquante-sept planètes régissent notre système solaire, et toutes sont des dieux.

Vogl : Il y a quelque chose de très instructif dans la manière dont, au XVIIIe siècle, la notion de main invisible descend sur terre depuis les régions célestes – et Adam Smith en est un bon exemple –, la manière dont la main invisible, qui dirigeait autrefois les constellations et les événements célestes, arrive dans le monde terrestre et se sécularise.

Kluge : Et également dans l'économie, ce nouveau système stellaire qui fait la richesse des nations.

Vogl : Trois étapes jalonnent l'histoire de la main invisible. Tout d'abord, le texte d'Adam Smith datant de 1758 : *The History of Astronomy.* Smith y montre qu'au temps des Anciens, on ne pouvait pas vraiment s'expliquer les événements comme les éclairs ou le tonnerre, les phénomènes célestes ou météorologiques, et toutes sortes d'irrégularités ; on les attribuait à la main invisible de Jupiter. La main invisible représente l'inexplicable et sauve la cohésion du monde.

Kluge : Et les croyances chrétiennes et superstitieuses assimilent cette idée.

Vogl : Elles l'adoptent. Et un an plus tard, dans la *Théorie des sentiments moraux* d'Adam Smith, la main invisible vaque déjà à des occupations terrestres. Smith donne un exemple : malgré ses désirs de luxe et de pacotille, malgré sa cupidité illimitée, l'avide propriétaire d'un domaine n'a toutefois qu'un estomac humain limité. Il ne peut pas tout consommer, et, qu'il le veuille ou non, il met en circulation les richesses et contribue à leur partage, mieux qu'un bienfaiteur n'aurait pu le faire, dit Smith. C'est la main invisible qui intervient et qui fait de l'égoïsme quelque chose d'étonnamment réjouissant. Voici la deuxième étape.

Kluge : Elle établit un lien avec un contexte moral et non pas économique.

LES MACHINES DU MARCHÉ LIBRE /
LE VICE SE TRANSFORME
EN VERTU

Vogl : Oui, le propriétaire sans cœur d'un domaine est utile à son voisin, même sans le vouloir. Et la troisième étape se trouve dans *La Richesse des nations* de 1776, une suite philosophico-morale de la

Théorie des sentiments moraux. Elle porte sur le système économique de l'époque, sur la production de richesse et d'aisance. La main invisible y décrit, enfin, la relation systémique entre tous les acteurs économiques. La trouvaille de cette notion – car on peut désormais la nommer ainsi – réside justement dans le fait que les intérêts et les pulsions égoïstes, les passions et les dépendances de chaque individu, contribuent à l'intérêt commun comme s'ils étaient dirigés par une main invisible, garantissant ainsi le système social. Ce système, une sorte de système gravitationnel, travaille dans le dos des gens, et la main invisible *est* ce système.

Kluge : Mais il ne fonctionnerait pas sans l'obligation sociale du Moyen Âge finissant.

Vogl : Néanmoins, il remplace clairement l'ancien système.

Kluge : Il ne s'agit pas de surexploitation des ressources.

Vogl : Il ne s'agit ni d'une simple surexploitation ni même de l'absorption féodale de ce que produisent la nature et les serviteurs, mais du fonctionnement d'une technologie qui combine, de manière efficace, la rationalité du système avec la déraison, la cécité et l'inconscience de ses participants. C'est cela, le marché.

Kluge : La forme suprême d'espace public et de souhaits ou désirs intimes. Parce qu'ils sont égocentriques, des millions de démons travaillent, sans le vouloir, pour l'intérêt commun.

Vogl : Des démons qui veulent constamment le mal et ne font que le bien. La main invisible désigne donc des déviations de la volonté. Je cite souvent Kant lorsqu'il dit qu'une société ne fonctionne que si elle est faite pour une société de démons. Et c'est précisément la solution que propose Adam Smith au moyen de l'économie, des transactions financières, du marché, et de l'échange de marchandises. Cela signifie au moins deux choses. D'une part, que la conscience limitée et le comportement de l'individu ne suffisent pas à mettre en place un système de société ; d'autres forces sont nécessaires. La force globale du système agit autrement que la somme des forces de tous les individus. D'autre part, cela signifie que le système est déterminé par des relations entre des éléments éloignés, des effets à distance qui préoccupaient aussi la physique du XVIIIe siècle, par exemple. Je repense à cette assertion répandue selon laquelle l'erreur d'un ministre des Finances chinois peut mener l'Europe entière à la catastrophe.

Kluge : À l'inverse, cela peut aussi annoncer le bonheur. Une accumulation d'erreurs en Asie aboutit à l'exploitation de l'Asie, et soudain...

Vogl : ... cela touche les gens en Europe. C'est cela la bénédiction, ou le miracle, du système économique : une relation invisible, un miracle systémique...

Kluge : C'est une sorte d'inconscient social qui ne serait pas produit de manière psychologique.

Vogl : C'est un inconscient social qui, uniquement parce qu'il est inconscient ou non conscient, peut fonctionner comme système. Si un individu, un monarque, un empereur...

Kluge : Dr. Mabuse !

Vogl : ... voulait mettre en place ce système, il échouerait. Son bon fonctionnement repose justement sur le fait que les individus ne veulent pas le grand tout.

Kluge : De même que toute tentative de faire de la bourse une économie planifiée, de la corrompre ou de la diriger, ne peut entraîner que des pertes, et vise l'impossible.

Vogl : Il y a un transmetteur secret, une courroie de transmission, qui transforme toutes les petites activités et tous les petits mouvements séparés, éparpillés, en une grande machine, une machine donnant une direction commune aux forces divergentes. On appelle cela la physique sociale.

Kluge : C'est fondamentalement démocratique ou anarchiste.

Vogl : Ni démocratique ni anarchiste. Je dirais plutôt physique et technologique. C'est l'un des premiers modèles de société à ne plus fonctionner selon des -craties ou des -archies, mais selon des mécanismes et des technologies. Et le spécialiste d'un modèle de société de ce type doit être physicien, technologue ou constructeur de machines.

Kluge : Un soulèvement des moyens contre les objectifs...

Vogl : ... les objectifs sont immédiatement occultés par les moyens. Quand on donne une direction à ses objectifs et à ses fins, on risque des écarts. Autrement dit : si l'on gouvernait, si l'on voulait gouverner ainsi des populations, le gouvernement fonctionnerait seulement de manière indirecte, moins grâce à la définition d'objectifs que grâce à la définition de moyens, non pas grâce à des interventions directes, autoritaires, dominantes ou même dogmatiques, mais en se fiant à la capacité des orchestrations et des régulations indirectes à garantir la cohésion de l'ensemble.

LA SECONDE NATURE COMME MACHINE MÉTÉOROLOGIQUE

Kluge : Et maintenant, Adam Smith et les autres économistes jusqu'à Marx décrivent une société qui fonctionne, pour ainsi dire, comme une seconde nature, une seconde évolution, celle des valeurs qui lient les hommes les uns aux autres par l'échange. C'est une société qui arrive après la société agraire, l'absorbe, et se capitalise à travers elle ; et jusqu'au milieu, voire jusqu'à la fin du XXe siècle, ce monde perdure et nous permet de comprendre des choses.

Vogl : Un monde à travers lequel on a tenté de comprendre des choses. On dit de ce monde, à juste titre, qu'il est une sorte de seconde nature. Il fonctionne selon des lois étrangères à l'individu, qui agissent en réalité comme les lois de la nature. Mais c'est également un monde que l'on a comparé au modèle de la machine, et, plus tard, à celui de l'organisme, donc à des systèmes idéaux distincts. Dans ce contexte, il ne faut pas oublier que ces systèmes, ces mécanismes ou métabolismes, ces forces sociales de gravitation, qui maintiennent tout en place, ne sont pas non plus à l'abri d'anomalies ni d'accidents. Le système fuit, se vide, se déforme, s'use et tombe en panne.

Kluge : Il développe des centres de gravitation et des trous noirs, comme au temps du fascisme en quelque sorte, au moment où une société d'échange contraint voit le jour. Par la volonté, à l'intérieur des hommes, et par l'industrie à l'extérieur, une société peut produire davantage qu'elle ne peut écouler. Dès lors, il faut prescrire des ventes obligatoires et soumettre des peuples étrangers, afin que cette économie, qui produit plus qu'elle ne peut vendre, puisse fonctionner.

Vogl : C'est une économie qui dépasse nécessairement ses frontières, qui les efface et les supprime, qui a un caractère conquérant, de conquistador. Dans ce contexte, quelque chose de nouveau fait surface. Quelque chose qui se profile chez Adam Smith, mais qui ne connaîtra de conjoncture propre, pratique et théorique, qu'au XIXe siècle. Avec ce système apparaît la notion de crise. Un système ne fonctionne que s'il est capable de produire ses propres crises et, grâce à elles, de s'optimiser. C'est un système qui produit inévitablement de la pauvreté, mais une pauvreté productive. C'est un système qui produit de la misère, mais une misère productive. Excédents et manques, optimisation et crise vont désormais de pair.

DESTRUCTION CRÉATRICE

Kluge : C'est ce que l'on appelle la destruction créatrice. Je ne suis pas cynique, c'est une description exacte. Si j'entrave la capacité du système à progresser de crise en crise, il fait sauter tout obstacle.

Vogl : Le système fonctionne selon une dynamique immanente, c'est-à-dire selon un mouvement représentant une sorte d'oscillation. Mais, en réalité, cette oscillation revêt aussi le caractère d'une courbe de température – le terme de crise vient d'ailleurs de la médecine. C'est un système qui traverse sans cesse des cycles de convalescence, de rétablissement, de maladie, et qui doit nécessairement les traverser, oscillant entre les extrêmes avec une amplitude régulière. C'est ce qui lui donne son élan.

Kluge : Au début, on tente d'inventer un homme, Napoléon par exemple : le visage d'enfant qui invente presque le capitalisme, qui invente l'industrialisation et la dirige. Et à la fin, on retrouve le Führer, qui tente, par le recours à la violence, avec l'aide de l'armée et de chars d'assaut que l'on peut alors produire, de remettre en marche la société d'échange qui ne fonctionne plus. Mais les deux tentatives échouent.

Vogl : Oui. Ce système ne veut pas, et n'a pas besoin, de souverain ni de dirigeant. Il ne se laisse pas bâtir, il ne se laisse pas structurer selon un rapport entre projet et concrétisation, ou entre archétype et imitation...

Kluge : ... ou bien entre événement et raisons.

Vogl : Tout à fait. Toutes ces directives et idées de création passent à côté du cours des choses, et il est probable qu'un autre terme convienne mieux pour décrire l'organisation de ce système : non pas l'architecture, ni le projet, ni l'archétype, ni la scène de la création, mais le programme. Le programme garantit le fonctionnement autonome du système, met en place des conditions générales, installe des boucles de rétroaction, structure un agencement informatif permettant des modifications, des réajustements, des mouvements dus au hasard et enfin, une auto-organisation.

Kluge : Qu'appelle-t-on hasard ?

Vogl : Le hasard est d'abord la rencontre de deux sphères séparées. Par exemple, le haut et le bas. Quelque chose me tombe dessus, quelque chose tombe bien. Une verticale surprenante.

Kluge : Une valeur me tombe du ciel ?

Vogl : Comme *Les Talers du ciel* ou bien des tuiles. Une verticale se détache du fleuve des événements, de la providence horizontale du monde, et soulève la question de l'ordre. Un autre mot, venant du latin, pourrait suggérer une définition plus exacte : le hasard au sens de contingence, de « contingere », ce qui signifie à peu près rencontrer, coïncider. Le hasard est une rencontre. La rencontre de deux chaînes d'événements, indépendantes l'une de l'autre : la rencontre de deux promeneurs, deux traces qui se croisent, la rencontre de deux bateaux en haute mer. Il est vrai que le domaine du fluide et de l'instable a longtemps déterminé l'espace imaginaire du hasard.

Kluge : Ce pourrait être aussi deux amants : l'amour est venu pendant la nuit, tel un miracle. Cela peut être la surprise, pour ainsi dire, de tomber amoureux là où je n'aurais jamais pensé trouver l'amour.

L'INVENTION DU COMMERCE

Kluge : Il existe une forme primitive de la société d'échange : des navires débarquent sur une plage et ils étalent leurs marchandises, parce que cela avait déjà eu du succès auparavant. Pendant la nuit, les habitants prennent les marchandises, mais ne payent pas. Une expédition punitive est alors lancée, et en leur inculquant que l'échange est nécessaire, que la réciprocité peut être obtenue par la force, on entame un processus d'apprentissage : prendre les marchandises étalées sur la plage est permis, mais on doit y déposer quelque chose d'équivalent à la place. On dit que la société d'échange aurait été instaurée ainsi de manière sanglante, qu'il se serait agi de hasards organisés.

Vogl : Oui, et cet exemple d'une rencontre entre terres et eaux, ou bien, si l'on veut, d'une rencontre limitrophe, frontalière, est peut-être une bonne illustration de la façon dont on peut transformer, relier et maîtriser le hasard : non seulement en transformant le liquide en solide, en terre ferme, mais aussi en produisant des conséquences, des séquelles, et des corollaires nécessaires. Et cela nécessite de l'entraînement.

Kluge : Avec un peu de chance, des villes maritimes voient le jour, des villes commerciales comme en Grèce ; dans le cas contraire c'est la conquête du Mexique, la chute de Montezuma, la torture, la confiscation de l'or...

Vogl : Cependant, la rencontre des terres et des eaux est toujours une rencontre précaire. On en trouve des exemples chez Platon : les villes maritimes et portuaires, les lieux de transbordement, et cet échange entre terres et mers, ne conviennent pas pour construire un État solidement agencé, un ordre digne de confiance. L'État est pour ainsi dire...

Kluge : ... une résistance à l'échange...

Vogl : ... et il a besoin de la terre ferme, de fondations, tandis que le hasard, lui, est l'abyme sans fond par excellence.

Kluge : Et chez Platon, c'est vraiment épouvantable : il n'est le conseiller que de dictatures autoritaires comme celle du tyran Dionysos de Syracuse, dont il est le jurisconsulte.

Vogl : Encore un pas et l'on est chez la grande prostituée Babylone, destinée à sombrer. La grande prostituée Babylone de l'Apocalypse de saint Jean est une ville au bord de la mer, et dans cette ville, tout circule : les gens, les richesses, les multiples langues, tout se mélange avec tout…

Kluge : … l'amour : il y a un amour polyglotte. Il n'y a donc pas d'habitudes, tout est permis.

Vogl : Et les mélodies des chanteurs circulent aussi. Aux yeux de Jean l'Apocalyptique, dans cette ville de l'échange et de l'immense mélange, il n'y a que des péchés. En revanche, la Jérusalem céleste est une ville qui ne connaît plus le hasard, ni la mer, ni le changement ; c'est une ville cristalline, construite de pierres précieuses, tracée au compas, une ville de l'ordre policier dans laquelle il ne se passe plus rien, ou en tout cas rien qui relève du fortuit.

Kluge : C'est le célibat, au lieu des relations amoureuses ou des mariages. J'ai besoin de la dureté de la pensée. On assure la gestion des archives, je peux encore venir à bout de l'historiographie par l'intermédiaire de mes anges, mais plus aucune histoire ne doit avoir lieu.

Vogl : Mais plus encore : les Bienheureux, comme on les appelle dans l'Apocalypse, sont comptés ; ce n'est plus une population informe, mais un groupement qui a été fixé en ce lieu, individu par individu.

Kluge : Une formation contre la prolifération sauvage des hasards.

Vogl : Contre cette prolifération sauvage des hasards et des événements, contre l'échange incontrôlé et païen, contre le mélange des corps, des objets, des langues, et enfin, et c'est déterminant, contre le mélange des terres et des mers, de la terre et de l'eau.

Kluge : Et contre le mélange de ce qui me tient le plus à cœur et des contacts peau à peau les plus insignifiants. C'est à peu près cela. C'est un système disciplinaire dont la police doit traquer le hasard.

Vogl : Le hasard, ce qui m'échoit, montre ce qui est échéant, c'est-à-dire ce qui choit, et ce qui est de nature à faire choir des structures solides. La thématique de la chute, de l'écroulement, de l'effondrement, est liée depuis toujours à la notion de hasard.

Kluge : Il n'y a rien de solide dans le monde et, poétiquement, on peut dire que la rotation de la Terre, l'un des événements les plus importants parmi ceux que nous croyons indépendants du hasard, et qui régit le jour et la nuit, change avec les saisons parce que les feuilles qui tombent à l'automne accélèrent la rotation de la Terre et qu'au printemps, la poussée de l'herbe et des arbres la ralentit.

Vogl : C'est la raison pour laquelle l'incarnation du hasard est la déviation, la dérive minimale, la divergence minimale d'un mouvement ou d'une trajectoire. Leibniz dit que le hasard est la déviation d'une balle qui décide de l'issue de la bataille. C'est l'étincelle qui tombe dans un baril de poudre et conduit tout un monde à sa perte, c'est le faux mouvement d'un souverain qui mène à l'effondrement de l'État – une déviation donc, la dérive d'un mouvement, comme dans la chute des feuilles.

Kluge : Ou bien le frémissement d'une tête, et j'échappe à la balle. Le hasard peut tout aussi bien être heureux. Il est absolument injuste.

Vogl : Le hasard a, effectivement, deux faces : d'un côté, l'aspect de la chute, de l'explosion, de l'effondrement, et de l'autre, l'aspect de la Providence, de l'heureuse Providence ; deux faces qui, en fin de compte, dessinent la figure de la fortune. C'est pour cette raison que la question du hasard et de son contrôle est devenue une question éminemment politique. Contrôler le fortuit, orchestrer le hasard, rendre le hasard productif, est un premier questionnement, un questionnement politique élémentaire.

NUAGES DE PROBABILITÉ / CRÉATION DE L'IMPROBABLE

Kluge : Et cet aspect politique concerne, d'abord, l'économie politique ; c'est une tentative pour comprendre les effets fortuits des grandes économies de par le monde et, par là même, pour comprendre pour la première fois le colonialisme, le commerce international, la production de richesses, etc. Si j'essayais d'appliquer ce questionnement au domaine céleste ou à l'économie planifiée, une erreur s'immiscerait, parce qu'il ne peut y avoir de règne véritable sur les hasards – c'est un abyme que l'on ne peut prendre en compte. Mais il y a une deuxième météorologie du hasard, qui ne concerne ni l'argent, ni l'économie, ni l'échange de marchandises, ni la production, mais quelque chose qui se passe à l'intérieur des hommes : les valeurs, les sentiments de culpabilité, les crises. Étant donné que les crises se réitèrent, elles font toutes naître des nuages de probabilité.

Vogl : Mais elles sont liées à la création et aux effets de l'improbable, et elles représentent un problème moral très particulier, justement politique. On constate, en effet, qu'il n'est pas si facile de s'y retrouver dans le régime du fortuit ou du contingent, dans le cadre d'une masse importante d'événements qui auraient tout aussi bien pu se dérouler différemment et qu'il faut tout de même contrôler. Il n'est pas si facile de marquer des différences claires et nettes dans cette masse d'événements, par exemple entre le bien et le mal, entre un bon et un mauvais comportement moral.

Kluge : Politique et apolitique, surexploitation des ressources ou non.

Vogl : Si l'on comprend le monde du fortuit comme un océan dans lequel chaque vague est en relation avec une autre, dans lequel chaque goutte d'eau correspond à une autre...

Kluge : Mais cela ne sert pas au nageur. Si le climat forme des supervagues, des vagues d'horreur, avoir exploité des sols sur la côte espagnole ne me sert alors à rien.

Vogl : Cela soulève la question du rôle que l'on peut encore s'attribuer dans ces ondes du fortuit, de notre responsabilité. Jusqu'à quel point les distinctions nettes entre justice et injustice, coupable et non coupable, suffisent-elles pour décrire la navigation et les types de mouvements que nous adoptons dans ces événements. C'est une provocation morale : à lui seul, le bon comportement moral ou juridique ne fournit plus de formule pertinente pour déterminer notre marge de manœuvre.

Kluge : Mais c'est ce que l'on croit au début de l'époque bourgeoise. Si je suis pieux, si je gagne de l'argent, si je protège ma famille, si j'accumule les bonnes actions comme à la banque, mon compte en banque aussi grossira. C'est un postulat qui peut vous valoir, encore aujourd'hui, la majorité aux États-Unis.

Vogl : Pourtant ce postulat sous-estime une réalité, la réalité qu'Adam Smith avait d'ailleurs déjà admise. Dans sa *Théorie des sentiments moraux*, Smith écrit qu'une des fonctions morales les plus efficaces, c'est la sympathie. La sympathie réagit exclusivement à la chance et à l'échec immérités. Un bon père de famille qui, sans avoir fauté, joue de malheur et perd sa fortune, suscite ma sympathie : il se tisse alors un lien qui réagit aux incidents contingents et non intentionnels, aux effets involontaires et imprévisibles de nos actes.

Kluge : C'est l'empathie, une forme de compréhension universelle, un autre mot pour la compassion.

Vogl : Puis-je le dire encore autrement ? Les personnages moralement inintéressants sont ceux que les mauvaises intentions précipitent dans le malheur, tout comme ceux qui réussissent grâce à de bonnes intentions. Mais les personnages intéressants – et cela s'inscrit dans la révolution morale du XVIIIe siècle – sont ceux qui, involontairement, échouent par de bonnes intentions, ou réussissent et font le bien par de mauvaises intentions. Cette rupture entre l'acte et l'intention, le fait que l'intention et le dessein ne suffisent pas à engendrer des chaînes d'actions ni des succès effectifs, est un scandale moral ; Adam Smith cherche donc de nouvelles formes d'orchestration morale, et un élément de cette orchestration est, justement, ce sentiment de sympathie, sensible aux hasards et aux accidents qui se produisent à l'intérieur du monde moral. Les actes non imputables peuvent alors être ressentis sur le plan moral.

Kluge : Dans l'exemple que vous avez donné tout à l'heure – celui du propriétaire qui ne peut pas engloutir à lui seul la totalité de ce que produisent ses employés et son domaine, le sol – ainsi que dans l'exemple présent de la compassion, on a affaire à des contenants humains. Cela me fait penser à un globe terrestre sur lequel cette responsabilité humaine n'est plus en fonction, parce que les nuages des grands hasards, la deuxième nature, font naître un climat au sens moral ou, plutôt, extra-moral, mais pas au sens météorologique. Ce climat est tellement indomptable et foudroyant qu'un être humain seul ne pourrait le réguler.

Vogl : Un être humain seul ne peut le réguler, et ce qui arrive alors est dramatique : le monde des événements moraux et le monde des raisons morales se séparent. Des événements surviennent qui, certes, déterminent le monde moral, mais ne peuvent plus être expliqués par l'empire de la responsabilité, de l'accusation, et donc de l'imputabilité morale.

Kluge : Je vais mal, économiquement mal, je peux être licencié, je peux devenir chômeur, et j'ai désormais – comme par superstition – un penchant à me mettre au service de l'ennemi, de l'exploitation ; s'il y avait encore un petit peu plus de surexploitation, le hasard m'aiderait, peut-être, à aller bien de nouveau. Je peux, pour ainsi dire, attirer le nuage propice du hasard par le sacrifice.

Vogl : Je peux l'attirer, mais je peux tout aussi bien tomber dans la superstition économique.

Kluge : Qu'est-ce que c'est ?

Vogl : La superstition économique, c'est en quelque sorte le spectre des vertus bourgeoises. Une superstition économique de ce type serait l'idée selon laquelle il est possible de produire des valeurs économiques grâce au zèle, au sens de l'économie, à l'ascèse, au renoncement. Le système économique dirait « non, la chaîne des causes et des effets ne tient pas compte de tous ces comportements et desseins » et, au fond, le gaspilleur, celui qui entretient ses vices, qui laisse libre cours à ses désirs, c'est bien lui qui est à l'origine de la prospérité.

Kluge : Par mégarde, il s'est trouvé au bon endroit...

Vogl : C'est un monde qui est hors de la sphère de moralité d'un sujet bourgeois à peine créé, dont les lois centrales se dérobent à sa compréhension.

Kluge : Les raisons d'imputabilité et les événements sont désaccouplés. De ce fait, l'homme ne peut plus, désormais, se référer à son jugement ; ce dernier est également désaccouplé des événements.

Vogl : C'est une ligne de rupture intéressante, ou bien un abyme intéressant, parce que dorénavant, deux régions qui communiquent de moins en moins entre elles, viennent à s'ouvrir : d'un côté, la tradition, la résistance des valeurs, des transmissions, des principes moraux, des normes, et de l'autre, les principes du fonctionnement économique par exemple. Robert Musil a dit un jour que le fonctionnement des sociétés modernes était surprenant : elles disposent de technologies modernes, et notamment sociales, mais, en privé

et psychiquement, les experts qui y sont associés s'en tiennent aux maximes d'une morale vieille de deux mille ans. Ce désaccouplement de deux mondes, celui dont les événements sont fonctionnellement déterminés et celui des attitudes morales, caractérise la destinée des sociétés modernes, une destinée que des gens comme Smith ont déjà tenté de saisir.

LES DEUX LANGUES DE LA SOCIÉTÉ

Kluge : Et maintenant, au XXIe siècle, il y a des vagues de normativité préfabriquée, c'est-à-dire un espoir concentré des hommes qui pensent que faire le bien dans ce monde est utile, et si cela ne l'est pas maintenant, ce le sera plus tard. Et cela entoure la planète de nuages optimistes et dépressionnaires, à tel point que certaines contrées connaissent des phénomènes de dépression pendant une dizaine d'années, tandis que d'autres sont plongées dans l'optimisme pendant dix ans, avec ou sans raison – sans, la plupart du temps. Cela existe !

Vogl : C'est, pour ainsi dire, une question de conditions atmosphériques ; il y a des conditions atmosphériques sociales et il y a des conditions atmosphériques économiques, des cycles impersonnels d'affects et des variations d'humeur. Elles peuvent être différenciées par macro- et microclimat, par périodes courtes ou longues. De même qu'il y a des variations de prix quotidiennes et annuelles en même temps que des cycles économiques bicentenaires, de même il y a différentes conjonctures de l'humeur et des émotions, dans lesquelles nagent des particules, les individus isolés. Et toutes ces courbes à court ou à long terme, toutes ces sensibilités universelles, se situent à la limite, ou au-delà, de la perception et de la décision conscientes.

Kluge : Mais il y a une direction néoconservatrice, et elle est radicale ; au fond, elle n'est pas vraiment conservatrice, elle pourrait tout aussi bien être de gauche. Elle affirme : « Il y a les libéraux indécis, et il y a les *enragés* résolus que nous sommes. » Et à présent, la détermination, la vertu de la détermination, l'imperturbabilité, peut constituer, pour une superpuissance, un cap politique plausible pendant une décennie, et se révéler décisive pour les élections.

Vogl : Cependant, cette détermination présente un caractère très équivoque. Car c'est aussi une détermination à déclencher des forces, à mettre en branle des choses, à saisir les occasions malgré toute cette confusion – pour ensuite attendre de voir ce qui va se passer. On adopte alors très vite le regard de l'explorateur du pôle Nord évoqué par Nietzsche, et à travers lequel on en vient à dire : ici plus rien ne pousse, ici règne le néant, le désert de glace, ici ne volent plus que des corneilles qui crient *nada*. Cette détermination n'a plus rien à voir avec la détermination d'un souverain, ni même avec l'autorité d'un autocrate...

Kluge : ... d'un jardinier...

Vogl : ... d'un bon père de famille...

Kluge : ... d'un législateur.

Vogl : Des événements se déclenchent, les vagues déferlent avec force, et au bout du compte, on ne peut que constater : ce n'est pas ce que j'ai voulu.

L'OMBRE DANS L'ŒIL DE DIEU

SUR LA RELATION ENTRE
POÉSIE ET BUREAUCRATIE

LES OFFICIERS DE LA STASI FONT DE LA LITTÉRATURE / LA SOCIÉTÉ
DE LA TOUR DE GOETHE / COMMENT LES HOMMES ET LES APPAREILS
DE POUVOIR CONSTRUISENT-ILS, AU BESOIN PAR LA FORCE, LEUR
ORIENTATION ? / SUR LE CHEMIN D'UN INTERNET DES AUTEURS

Kluge : Qu'est-ce que la poésie ou la littérature bureaucratiques ?
Est-ce une contradiction ?

Vogl : C'est tout sauf une contradiction. L'invention de la littérature
est directement liée à des pratiques bureaucratiques, elle n'existe
pas sans une vision bureaucratique du monde.

Kluge : Sont-elles simultanées ?

Vogl : Elles existent simultanément, elles dépendent l'une de l'autre,
elles s'inspirent l'une l'autre. Les innovations littéraires sont évidemment de nature bureaucratique. À l'inverse, on peut dire que certaines perfections de l'appareil bureaucratique ont des qualités littéraires, là où il est question d'administrer le monde, par exemple.

Kluge : Que fait la poésie ?

Vogl : Prenons l'exemple du roman moderne, une invention de la
fin du XVIIe siècle et du XVIIIe siècle. Ce roman a des exigences très
élevées et, de ce fait, un problème de représentation considérable.
On pourrait dire que depuis le XVIIIe siècle, le roman européen ne
veut rien faire d'autre qu'arpenter le monde. Ce roman-là cherche
à avoir une vue d'ensemble sur le monde ; il se rend en des lieux

depuis lesquels il peut embrasser d'un coup d'œil le monde entier, ses histoires et ses implications. C'est la raison pour laquelle ce roman souffre des lettres et de l'écriture, de l'agencement discret de l'écriture, de l'ordre des caractères et du fait de tourner les pages. Son idéal se trouve dans le tableau, dans la vue d'ensemble ; il veut raconter des destins et le cours du monde, et plus encore : il veut raconter comment tout est en relation avec tout. Il a un penchant cartographique, si l'on veut.

Poséidon était assis à son bureau et faisait ses comptes. L'administration de toutes les eaux du monde donnait un immense travail. Il aurait pu avoir autant de collaborateurs qu'il le désirait, et il en avait d'ailleurs beaucoup ; mais, comme il prenait son service très au sérieux, il refaisait tous les comptes, si bien que ses collaborateurs ne lui servaient pas à grand-chose. On ne peut pas dire qu'il aimait ce travail ; il ne l'exécutait, à vrai dire, que parce que c'était la tâche qui lui était confiée ; il avait même déjà souvent demandé un travail plus amusant, comme il aimait à dire ; mais chaque fois, quand on lui eut fait différentes propositions, il apparaissait que rien ne lui convenait mieux que le service qu'il avait jusqu'alors accompli. Il était d'ailleurs très difficile de lui trouver quelque chose d'autre. Il était évidemment impossible de l'affecter à une mer particulière ; outre que la comptabilité n'y était pas moins absorbante, mais seulement de moindre importance, le grand Poséidon ne pouvait occuper qu'une position maîtresse. Et si on lui proposait un poste en dehors du service des eaux, l'idée seule suffisait à lui donner la nausée, son souffle divin devenait irrégulier, son thorax d'airain haletait. À vrai dire, personne ne prenait ses plaintes tout à fait au sérieux ; quand un puissant réclame, il faut bien faire semblant de lui céder, même si l'affaire paraît sans solution ; personne ne songeait à relever vraiment Poséidon de ses fonctions ; depuis l'origine des temps, il était destiné à être dieu des mers ; il n'y avait pas lieu de changer. Ce qui l'irritait surtout, c'était de savoir que les gens l'imaginaient sans cesse en train de parcourir les flots, son trident à la main. Alors qu'il restait assis au plus profond de l'océan, à faire sans arrêt ses calculs ;

la seule interruption de cette vie monotone était, de temps à autre, un voyage chez Jupiter, un voyage dont il rentrait d'habitude furieux. Si bien qu'il avait à peine vu les mers ; tout au plus pouvait-il jeter un coup d'œil rapide quand il montait en toute hâte à l'Olympe, et jamais il ne les avait vraiment parcourues. Il avait coutume de dire qu'il attendrait la fin du monde, à ce moment-là, il trouverait bien un moment de tranquillité, juste avant la fin, après avoir expédié les derniers comptes, pour faire encore rapidement une petite tournée.

Franz Kafka, « Poséidon », *in Œuvres complètes, Tome II*, traduit par Claude David, Paris, La Pléiade, 1988, p. 552-553.

Kluge : Ce qu'il revendique relève-t-il davantage du pouvoir que de la simple littérature ?

Vogl : Oui, il ne veut pas simplement raconter comment les choses arrivent les unes après les autres.

Kluge : Il se rapproche d'une marche, d'un chemin.

Vogl : Il a un irrépressible besoin d'exhaustivité ; il veut s'approcher, de manière infinitésimale, de la totalité des chemins possibles. Il y a divers exemples pour cela : l'un des grands romans de formation allemands, *Les Années d'apprentissage de Wilhelm Meister*, ne se termine pas seulement sur une vision bureaucratique, à savoir sur « la société de la Tour » qui archive, enregistre et met par écrit toutes les biographies possibles de tous les personnages possibles du roman. Cette société de la Tour est plutôt responsable de l'interconnexion de tous les incidents, hasards et événements possibles de ce roman ; c'est en elle que le monde de ce roman trouve, pour ainsi dire, son expression première. Cela signifie que celui qui entre dans la tour – tel Wilhelm Meister lui-même – peut facilement tirer toutes les ficelles de ce roman, et se retrouve à cet endroit précis où tous les chemins et tous les événements convergent et peuvent être embrassés d'un seul coup d'œil.

Kluge : C'est donc une situation supérieure à toute forme de théâtre ?

Vogl : Oui, peut-être ; et supérieure surtout dans le sens où, depuis ces archives, ce catalogue ou cette vue d'ensemble, toutes les histoires semblent pouvoir être répétées. C'est aussi ce qui arrive à Wilhelm Meister : après avoir lu sa propre histoire dans les archives de la Tour, il s'assied pour la récrire lui-même. Et cela va encore plus loin. À partir de ce point précis, on pourrait même dire que toute histoire qui a eu lieu et qui a été répertoriée peut être réitérée, mais également...

Kluge : ... toute histoire possible...

Vogl : ... exactement. La vision du roman moderne consiste donc à produire des archives dans lesquelles la réalité est conservée avec l'ensemble de son réseau de connexions – chaque détail est mis en relation avec tous les autres – ; et, simultanément, à développer un sens pour tous les remaniements et toutes les variations possibles de ces détails, un sens pour d'autres mondes possibles.

Kluge : En interdisant la répétition, et en obéissant à des règles esthétiques très strictes que la réalité n'est pas obligée de respecter.

Vogl : Oui.

Kluge : Une réalité meilleure, donc.

Vogl : Une réalité plus vraisemblable que la réalité réelle, si l'on veut. Donc certainement meilleure, car la réalité réelle – il suffit de la regarder – comporte des détails non liés, des événements immotivés, des hasards inexplicables, des singularités qui jurent avec l'image de l'ensemble. Une absence de visibilité, en somme. En revanche, le roman se conforme à l'idéal selon lequel rien ne doit rester sans liens : aucun détail, aucun hasard ni aucun événement ; tout ce qui est emmêlé doit être démêlé. D'une manière ou d'une autre, tout y est motivé et lié, et trouve ainsi une bonne raison de paraître vraisemblable, une raison suffisante ; car en général, on admet que la réalité doit avoir une raison suffisante pour paraître vraisemblable. Dans ce contexte, la réalité romanesque est dotée d'un degré plus élevé de réalité et de vraisemblance.

Kluge : Pour Goethe, il ne s'agit ni d'une contre-utopie, ni d'une caricature, ni d'ailleurs de la tour babylonienne, mais d'une grande utopie selon laquelle le monde entier se métamorphose en son propre récit.

Vogl : Il se métamorphose en récit, mais celui-ci déplace toujours les frontières de ce qui peut être raconté. C'est aussi un projet colonisateur. Le monde n'a pas encore été suffisamment compris et raconté. C'est la raison pour laquelle l'étrange société de la Tour n'est pas simplement une vision d'archives, une mémoire exhaustive du monde : avec elle, c'est une société, une sorte de société secrète qui est fondée et qui se met en route pour fonder et créer elle-même un monde. Cela se passe dans la deuxième partie, *Les Années de voyage* : on se met en route pour créer un monde avec des expérimentations et des projets économiques, pédagogiques et sociaux. Les archives d'histoires, le savoir enregistré sur le monde, sont testés à travers diverses expériences concrètes, jusque dans ce que l'on appelle le Nouveau Monde. Cela a sans doute un côté utopique, mais montre avant tout comment le monde peut être colonisé par le récit. Un roman comme celui-ci veut offrir davantage qu'une simple fiction littéraire.

Kluge : Comme un réseau, mais pas comme Internet, parce que ce réseau-là est beaucoup plus organisé. Un Internet des auteurs, pourrait-on dire.

Vogl : Un réseau qui rassemble les projets de création les plus divers. Cela va même si loin qu'un grand lecteur et admirateur de *Wilhelm Meister*, Novalis, prétendait que nous n'avions pas encore écrit suffisamment de biographies de Wilhelm Meister. Dans l'État idéal, chacun aura écrit sa propre biographie et il la déposera aux mains de l'État, pour ainsi dire. Et l'État n'est rien d'autre que l'organe d'administration de cette collection de textes. En écrivant, nous produisons tous ensemble la communauté. D'ailleurs, il est intéressant que l'une des visions les plus pertinentes du XVIIᵉ siècle concernant les archives ait été créée, à la faveur d'une métaphysique originale, par l'un des premiers penseurs à avoir eu une vision de cet ordre – à savoir l'idée d'archives mondiales de toutes les histoires individuelles, mais aussi de toutes leurs variations possibles, donc l'idée d'enregistrer ce qui est, ce qui est possible ou ce qui aurait été possible. Ce penseur, c'est Leibniz.

En effet, à la fin de la *Théodicée* de Leibniz, il y a une vision d'archives proprement vertigineuse. Un personnage appelé Sextus Tarquinius consulte l'Oracle d'Apollon et y apprend sa destinée : il ira à Rome et le malheur s'abattra sur lui ; mécontent de cette destinée, il demande alors à Jupiter : « Comment ? Ne puis-je donc pas changer cette destinée ? » Cela éveille la curiosité de Théodore, le Grand Prêtre du temple ; intéressé par ce dialogue entre Tarquinius et Jupiter, il demande alors à son tour à Jupiter : « Comment est-ce possible ? Comment peut-on décider du destin des hommes et les garder tous en vue ? » Et Jupiter dit à Théodore : « Pars pour Athènes, tu y rencontreras mon assistante, la déesse Pallas Athéna ; elle te montrera comment tout cela fonctionne. » Théodore part pour Athènes, veut visiter le temple d'Athéna, s'endort, est réveillé dans son rêve et amené devant un immense palais, qui est également un bâtiment d'archives : le « Palais des destinées ». À cet endroit, Théodore, le prêtre d'Apollon, se rend compte de ceci : il voit diverses chambres, et dans chacune de ces chambres, il y a un autre monde, et dans chacun de ces autres mondes se trouve un autre événement ; il voit des variations perpétuelles d'événements possibles. Il voit donc Tarquinius, qui part pour Rome, qui déshonore Lucrèce et s'abîme dans le malheur, provoquant simultanément l'ascension de Rome. Il voit un autre Tarquinius, qui part pour Corinthe et y meurt en homme riche et apprécié. Il voit encore un autre Tarquinius, qui ne part pas pour Corinthe, mais peut-être pour l'Asie mineure, qui se marie et devient roi, etc. Cela signifie qu'il voit des Sextus à l'infini dans ce temple, et chacune de ces figures conçoit son propre monde, et chacun de ces mondes est à son tour archivé. Ce palais devient ainsi une pyramide aberrante, infinie, sans fond si l'on veut, dans laquelle tout ce qui peut arriver dans le monde est enregistré : tout en haut, au sommet, le monde réel ; et à partir de là s'étage vers le bas la série de toutes ses variations possibles. Voilà les archives à partir desquelles Jupiter a un jour créé le monde.

Kluge : Quel pourrait être l'adversaire du roman ?

Vogl : Je crois que l'adversaire du roman, celui de la littérature ainsi que celui de la littérature bureaucratique si l'on veut, serait le bon sens, cette intelligence...

Kluge : ... qui exclut les possibilités...

Vogl : ... oui, qui peut établir un ordre perspectif fiable, qui se déplace dans la réalité à peu près comme le ferait une caméra dans la rue, qui sait que les objets n'ont pas tous la même solidité ni la même dureté, qui possède un sens de la réalité et qui, par exemple, ne connaît pas les plus petites transitions ni les plus infinitésimales. Une intelligence apte à réfléchir en oppositions et non en différenciations, si l'on veut.

Kluge : Oui. Pour Hölderlin, par exemple, la naïveté de la science, une naïveté très précise porteuse de connaissance, n'est certes pas sotte, mais elle est immédiate et irréfléchie. Le « j'ai vu » immédiat serait-il l'adversaire du roman ?

Vogl : Oui.

Kluge : L'instant.

Vogl : Ce serait une intelligence qui, lorsqu'elle s'exprime, croit sa propre parole, qui, lorsqu'elle prend quelque chose, a confiance en sa propre préhension, qui, lorsqu'elle voit, peut dire « j'ai vu », etc. Le bon sens est, pour ainsi dire, le témoin naïf que la littérature et la bureaucratie contrôlent en permanence. L'appareil bureaucratique ainsi que l'appareil littéraire, toujours incrédules, visent à questionner ce que les gens ont vu, saisi, compris, senti, ressenti et en dernière analyse à les mettre à l'épreuve. Cela signifie donc qu'aucun témoignage ne pourrait résister à un contrôle ultime. Lorsque nous inspectons une partie de la réalité, nous enclenchons un processus infini, comme chez Kafka, l'auteur bureaucratique par excellence, qui fait passer tout témoignage fourni sur la réalité par un processus ouvert ne parvenant jamais à aucune conclusion ; à la fin, on ne peut répondre ni par « oui » ni par « non », ou bien par « oui » et « non » à la fois. La littérature bureaucratique génère des réalités en suspens, flottantes.

Car les avocats sont bien loin de vouloir introduire dans le système judiciaire quelque amélioration que ce soit, alors que tout accusé, même le plus simple d'esprit – et c'est très caractéristique – commence toujours, dès son premier contact avec la justice, par méditer des projets de réforme, gaspillant ainsi un temps et des forces qu'il pourrait employer beaucoup plus utilement. La seule méthode raisonnable était [...] de s'accommoder de la situation telle qu'elle était. Même s'il eût été possible d'améliorer certains détails – et c'était une billevesée – on n'aurait pu obtenir de résultats, dans l'hypothèse la plus favorable, que pour les cas qui se présenteraient à l'avenir, et on se serait énormément nui en attirant sur soi l'attention de fonctionnaires rancuniers. Il fallait éviter à tout prix de se faire remarquer, rester tranquille même si on y éprouvait la plus grande répugnance, tâcher de comprendre que cet immense organisme judiciaire restait toujours en quelque sorte dans les airs et que si l'on cherchait à y modifier quelque chose de sa propre autorité on supprimait le sol sous ses pas, se mettant ainsi en grand danger de tomber, alors que l'immense organisme pouvait facilement – tout se tenant dans son système – trouver une pièce de rechange et rester comme auparavant, à moins – et c'était le plus probable – qu'il n'en devînt encore plus vigoureux, plus attentif, plus sévère et plus méchant.

Franz Kafka, *Le Procès*, traduit par Alexandre Vialatte, Paris, Gallimard, 1957, p. 122.

Kluge : Administrer le monde à travers la littérature, les dossiers, la comptabilité et les bureaux, c'est cela ?

Vogl : Oui, et plus encore. Le meilleur bureau rend le reste du monde superflu. On peut s'épargner tout déplacement.

Kluge : C'est depuis les wagons-bureaux que l'Ouest américain...

Vogl : ... a été défriché, tout à fait.

Kluge : Depuis les wagons-salons.

Vogl : Depuis des bureaux transportables. Puisque le concept du bureau est de réduire de grands espaces, de grands royaumes, à un petit espace, son efficacité consiste également à rendre ces royaumes transportables. Encore une fois, il y a un très bon exemple de cela chez Leibniz, qui est l'un des premiers philosophes de la bureaucratie si l'on veut. Leibniz a écrit un petit texte sur ce qu'il appelle les « tables d'État », dans lequel il dit que la meilleure gestion étatique est celle qui fait en sorte que toutes les « dépêches » du royaume soient enregistrées dans les archives, que ces archives soient à leur tour dispersées dans des répertoires, et que ces répertoires soient à leur tour synthétisés en un répertoire des répertoires que le roi peut porter sur lui, dans un petit écrin, comme l'écrit Leibniz. Le roi, le bureaucrate idéal, le bureaucrate au sommet de la bureaucratie, porte un petit écrin sur lui, grâce auquel – et c'est ainsi qu'on le trouve chez Leibniz – il peut avoir une bonne vue d'ensemble de la situation immédiate de son royaume, et doit pouvoir l'embrasser d'un seul coup d'œil. C'est le bureau idéal, un bureau mobile qui accompagne le roi, qui peut être installé partout, et qui se laisse feuilleter telle la transcription d'un royaume.

Kluge : Et un roi du XXe siècle, un milliardaire tel Howard Hughes, laisserait sous son oreiller le reste de ce petit écrin (quelques bouts de papier sur lesquels figurent des numéros de comptes en banque), agoniserait dans une chambre d'hôtel inconnue, rongé par la méfiance. Ce sont les derniers restes du roi.

Vogl : Voilà les divers rois et vice-rois que la bureaucratie a produits. Ce sont peut-être aussi de tristes régents, des régents remplaçables. Car la bureaucratie, grand appareil administratif, a également développé l'idée du suppléant. Un bon bureaucrate est toujours un bureaucrate que l'on peut remplacer, et une bonne bureaucratie est toujours une bureaucratie qui, comme le dit Kafka, peut proliférer à l'infini. Dans cette bureaucratie, il n'y a plus de véritable sommet. Même le roi est remplaçable, même le roi peut être remplacé par n'importe quel bureaucrate. L'appareil bureaucratique fonctionne comme un système d'interchangeabilité et de substitution universelles.

LA CHUTE DE TOUS LES GRANDS EMPIRES

Kluge : Même si dans un cadre ordonné de façon bureaucratique rien ne doit se perdre, l'expérience montre que les choses s'y perdent tout le temps, et que jamais aucun empire n'a survécu, pas même la plus grande organisation. Cela signifie que tous ont toujours coulé comme des bateaux et qu'ils sont retournés dans le simple domaine du vraisemblable, du fortuit, du singulier. Le singulier, tout comme le hasard, est alors également un adversaire et il engendre une érosion permanente.

Vogl : Évidemment, le singulier, l'irrégulier, le gaspillage, et même, si l'on veut, les forces parasitaires, sont toujours à leur place dans les niches, dans les recoins sombres de la bureaucratie. Tout appareil bureaucratique génère également ses adversaires et ses résistances internes : le parasite, le saboteur, le fonctionnaire corruptible et mesquin, le faussaire, les petits despotes, la grève du zèle, le renvoi aux calendes grecques. Le système fuit et bloque de partout. Cependant, il me paraît intéressant qu'après leur disparition, les empires continuent d'avoir une vie bureaucratique étrange. Pensez, par exemple, au code de Justinien. L'Empire romain disparaît, mais le droit romain, ses dossiers…

Kluge : … son système juridique est aujourd'hui encore le fondement du *Bürgerliches Gesetzbuch*, le code civil allemand…

Vogl : … et il continue à vivre. Il vit avant tout grâce au pouvoir des archives. Ces archives, ces dossiers et ces vestiges bureaucratiques continuent à vivre et garantissent la survivance de l'Empire romain qui a pu, de temps à autre, être ressuscité de manière très théâtrale. Par les révolutionnaires français par exemple. Ou alors pensez aux dossiers de la RDA : la RDA continue à vivre dans les dossiers de la Stasi, comme un kyste dans la chair de la République fédérale, un foyer infectieux traité avec tout le soin bureaucratique nécessaire.

Kluge : Beaucoup d'officiers de la Stasi ont écrit des romans pendant leur temps libre, le croiriez-vous ? Au fond, à travers leurs dossiers, à travers leurs surveillances incessantes – ils vivaient parfois comme des détectives privés – ils ont accumulé une quantité énorme de destins et d'expériences se frayant un chemin dans leurs dossiers et dans leurs têtes.

Vogl : Oui, bien sûr, les officiers de la Stasi ont écrit et traité de la littérature en quantité folle. Il existe un genre littéraire intéressant qui relie, de façon très directe, la bureaucratie à ce que l'on appelle les belles lettres : c'est le procès-verbal. Le procès-verbal est un genre littéraire impressionnant, pas seulement parce qu'il fournit des extraits de vie, des extraits d'expérience, des extraits du monde, mais aussi parce qu'il opère une confusion, ou une traduction, très intéressante du point de vue littéraire : chaque Je s'y transforme en Il. Le Je « verbalisé » est toujours un Il. Il parle une langue qui ne lui appartient pas, il est distancié, ou aliéné, minutieusement et dans le moindre détail, il est pris très au sérieux en tant que Il : « il a pris son petit-déjeuner, il a quitté la maison… ». C'est ainsi que l'on produit une littérature qui trouve vraisemblablement son meilleur équivalent dans les textes de Kafka. « On avait sûrement calomnié Joseph K…. » Les textes de Kafka sont des procès-verbaux, des comptes-rendus bureaucratiques et des études de cas ; ils sont la transposition continuelle d'un Je en un Il. Chaque Je est accompagné, suivi et surveillé par son ombre-Il. De ce point de vue, avec cette écriture à la troisième personne, les officiers de la Stasi ont effectivement fabriqué et mis en œuvre de la littérature moderne.

Kluge : Leibniz dirait-il du cosmos qu'il est bureaucratique ?

Vogl : Leibniz dirait que le cosmos est un bon service administratif, rendu transparent pour le regard du plus haut bureaucrate, du parfait bureaucrate : Dieu.

Kluge : Une machine divine.

Vogl : Le cosmos...

Kluge : Une machine divine, infiniment subtile, qui a sa propre spontanéité. Mais le verrait-il comme cela ?

Vogl : Leibniz dirait que le monde – le monde réel existant – est dans l'œil de Dieu. Ce n'est pas seulement le meilleur des mondes possibles, c'est aussi le meilleur État, la meilleure administration et la meilleure machine, parce que tout s'imbrique formidablement.

Kluge : Et il est aussi écrit.

Vogl : Il est aussi transcrit.

Kluge : Le cosmos est écrit.

Vogl : Et Dieu est le lecteur idéal qui peut pré-lire chaque événement. Il est le parfait bureaucrate parce que chaque événement qui est en train de se produire a déjà été écrit et a déjà pu être lu dans le regard de Dieu et...

QUEL TYPE DE ROMAN RACONTE LA BOURSE ?

LES ROMANS RASSEMBLENT DES EXPÉRIENCES HUMAINES
EN UN RÉSEAU POÉTIQUE / UN KRACH BOURSIER PROVOQUERAIT
EXACTEMENT LE CONTRAIRE / À PROPOS DU RAPPORT
ENTRE BOURSE ET ROMAN

Kluge : Si vous pensez aux banqueroutes du XXᵉ siècle, à quoi les rattachez-vous ?

Vogl : Il y a, bien sûr, les dates exceptionnelles de 1923 et 1929. En 1923, il y a eu ce que l'on appelle une inflation galopante, ou hyper-inflation, une progression vers ce trou noir qu'est la banqueroute. Le vendredi noir de 1929 est la date à laquelle, partant de Wall Street à New York et de l'effondrement...

Kluge : ... la catastrophe arrive en Europe, avec un jour de retard sur le Black Thursday aux États-Unis. C'est le Vendredi noir, appelé ainsi d'après un jour porte-malheur dont on peut déjà trouver des traces au XVIIIᵉ siècle.

Vogl : Elle arrive comme un raz-de-marée en Allemagne, sous la République de Weimar. Autrefois, on aurait considéré ces deux dates comme des événements purement spirituels, des événements ayant peu à voir avec des choses et des situations matérielles...

Kluge : C'est un chemin de Damas, une expérience de conversion.

Vogl : On pourrait le comprendre comme une sorte de transforma-tion incorporelle pour reprendre une expression de Gilles Deleuze : quelque chose a lieu. L'événement n'est pas lisible sur les corps, pourtant les corps sont suspendus à cet événement tels des marionnettes, et commencent à danser au rythme de celui-ci. Les bâtiments se figent, la bourse se fige, l'architecture...

Kluge : Ils se figent comme dans *La Belle au Bois dormant*. De 1929 à 1932, quelque chose se fige.

L'entreprise oubliée

En plein effondrement des cours, lors du jeudi noir de 1929, les valeurs de la société anonyme Phönix & Agros AG se sont maintenues, sans que personne ne s'en aperçoive. Il semble que la société possédait des terres à Chypre, et qu'elle exploitait des ateliers d'alchimie à Alep où elle recréait chimiquement de grands vins en laboratoire ; elle avait également conçu des prototypes de boissons populaires censées être lancées sur le marché au plus tard au milieu du siècle. On ne sait s'il y avait encore quelqu'un, en octobre 1929, pour travailler sur les projets cités dans la charte de la société anonyme. Les affaires de l'entreprise étaient gérées fiduciairement à Athènes, par un cabinet d'avocats. Des familles nobles du sud de la Russie, expropriées, ainsi qu'une compagnie d'assurances fermée de force en Union soviétique, possédaient la majorité des actions ; les nobles passaient pour disparus. Ces actionnaires réagirent avec calme. Personne ne posa de questions sur les actions, personne n'en vendit ne serait-ce qu'une part. Ainsi, jusqu'en 1932, les cours de ce titre restèrent constamment au même niveau que celui du 4 septembre 1929, un niveau maximum exceptionnel. Lorsqu'un analyste en acheta une partie à l'essai et voulut la revendre, ce PILIER DE L'ANCIEN MONDE s'effondra lui aussi.

Alexander Kluge, *Chronik der Gefühle, Band I, Basisgeschichten*, Francfort-sur-le-Main, 2000, p. 132.

Vogl : Quelque chose se fige, et un événement invisible parcourt les bâtiments, presque comme l'ange de l'annonciation, laissant derrière lui un changement qui n'est pas lisible sur les choses matérielles, mais qui détermine leur condition et leur nature. Et c'est cette relation – entre visibilité, sensibilité et perceptibilité manifestes d'un côté, et un événement que l'on pourrait qualifier de sémiotique, s'exprimant en signes, en chiffres et en faits sémiotiques, de l'autre – qui décide de l'ordre des choses. La lumière, l'éclairage, a changé, la vie s'est retirée des choses : la banqueroute laisse derrière elle des paysages qui sont tombés en ruines, en un instant, sans que la moindre pierre n'ait été changée, sans aucune modification tangible, sans dévastation matérielle. Ce sont des événements sémiotiques. Les années 1923 et 1929 seraient de bons exemples de l'efficience des événements sémiotiques ; elles livrent aussi certaines pathologies liées à l'événement : en 1923, par exemple, sous le signe de l'hyperinflation, on enregistre dans les asiles, dans les cliniques psychiatriques, des personnes en proie à des arithmomanies particulières ; dans la cadence de l'explosion des prix et des sommes d'argent – c'est-à-dire quand cent marks deviennent cent mille, des millions, des billions de marks, quand à la fin un billion de *papiermarks* équivaut à un *goldmark* – dans cette course folle, la raison qui calcule et qui compte s'égare ; elle se perd, elle ne parvient plus à rattraper la réalité des chiffres, elle perd contenance, et les événements constitués de chiffres la rendent folle. Comment comprendre ce fléau spirituel, cette détresse...

Kluge : ... 60 billions de reichsmark, 80 billions de reichsmark...

Vogl : ... comment saisir ça par les sens ? Comment notre vie peut-elle supporter ce rythme où il faut compter, d'heure en heure, de minute en minute ?

DÉCUPLEMENT du cours du dollar depuis le commencement de la guerre / Cours du dollar en papiermark : JUILLET 1914 : 4,20 ; JANVIER 1920 : 41,98 ; 3 JUILLET 1922 : 420,00 ; 21 OCTOBRE 1922 :

4430,00 ; 31 JANVIER 1923 : 49 000,00 ; 24 JUILLET 1923 :
414 000,00 ; 7 SEPTEMBRE 1923 : 53 000 000,00 ; 3 OCTOBRE
1923 : 440 000 000,00 ; 11 OCTOBRE 1923 : 5 060 000 000,00 ;
22 OCTOBRE 1923 : 40 000 000 000,00 ; 20 NOVEMBRE 1923 :
4 200 000 000 000,00

Vogl : On pourrait parler de ces faits, de ces phénomènes d'hyper-inflation, comme d'une sorte de sublime fiscal, c'est-à-dire un état d'âme dramatique dans lequel l'intuition, l'appréhension sensorielle ainsi que l'imagination défaillent et provoquent un vertige. Ce serait la définition fondamentale du sublime telle que Kant l'a donnée. De même que l'on peut être pris d'une sensation de vertige face à l'incommensurabilité du firmament, ou de l'océan démonté, ou de l'infini, ou de l'immensité, on est pris de vertige face à ces chiffres qui prolifèrent ; on est alors frappé d'une incapacité manifeste à trouver un équivalent sensoriel, une intuition sensible. On a affaire à des événements économiques qui tiennent en échec la représentation sensible et immédiate. Et ceci conduit à des états pathologiques – si pathologie signifie également être touché de manière pathétique, donc sensitive, d'une manière violente et affective, qui nous laisse pour ainsi dire impuissants. Inflations et banqueroutes appartiennent aussi à l'histoire du sublime.

Kluge : Après le Moyen Âge, une petite lumière intérieure naît chez l'homme européen ; à vrai dire, elle naît en même temps que la foi réformatrice et que le Moyen Âge radicalisé, et cela signifie que je peux mettre de l'argent de côté, que je peux imaginer une valeur indépendante du temps, indépendante de ma durée de vie, que je peux imaginer réaliser des bénéfices, maintenant, pour mes petits-enfants. C'est le chasseur de trésors, n'est-ce pas ?

Vogl : Oui, peut-être, et c'est évidemment aussi l'invention d'une éternité terrestre qui, outre la reproduction naturelle, outre la fertilité et la faculté procréatrice, c'est-à-dire outre cette reproduction terrestre et charnelle, consiste en une reproduction que l'on pourrait appeler symbolique : les biens peuvent être stockés, ils peuvent se transformer en métaux durables...

Kluge : ... ils peuvent faire des petits...

Vogl : ... oui, et au Moyen Âge tardif, cet or, l'argent qui fait des petits, se met à développer ses propres idées de reproduction. Il ne faut pas oublier que les prêteurs, les changeurs et les usuriers étaient disqualifiés, destinés à leur propre zone infernale : le purgatoire.

Kluge : Et à présent, ils sont acceptés, et deviennent utiles. La Compagnie des Indes orientales équipe les bateaux, et à présent la contre-valeur de l'argent revient des îles aux épices, un enchantement des valeurs voit le jour, et la petite lumière que j'ai en moi, la force de la foi, s'accroche à l'argent ; désormais, elle se trouve dans chaque marchandise, sous forme d'une petite lumière, un éclat qui est le propre de la spéculation. C'est exact ?

VALEUR D'ÉCHANGE, « MARCHANDISE-FÉTICHE » / NAISSANCE DU CRÉDIT

Vogl : On pourrait le formuler ainsi : au fond, ce n'est pas seulement une lumière, mais une forme atrophiée de la « lumière éternelle » qui circule désormais avec les pièces de monnaie, signes de vie éternelle. Le soleil, la vie et l'organisme ont, certes, leur propre température et leur propre chaleur, mais ces choses, ces objets de valeur, ces valeurs-fétiches, sont elles aussi animées, pleines de vie ; elles bougent et se meuvent, sont mises en circulation et ont leurs propres forces motrices. Dans la vie intérieure des choses comme dans la vie morale intérieure des gens, une relation s'établit avec une sorte d'éternité terrestre, avec l'immortalité des valeurs économiques, et avec une étrange vie après la mort, à laquelle on peut croire.

Kluge : C'est une nouvelle vertu. Elle n'a pas besoin d'être créée, au cas par cas, de l'intérieur, dans la souffrance, dans le conflit. Elle est dictée de l'extérieur.

Vogl : Oui, et l'on peut noter que cette nouvelle valeur évolue à présent dans un rayon qui s'élargit toujours davantage, qu'elle ne circule donc pas seulement à l'intérieur d'une principauté mais par-delà les continents, tout en commençant à vivre sa propre vie, avec ses propres jambes, son propre visage, son propre temps. Avec la propagation de la valeur économique vers la fin du Moyen Âge, trois choses, peut-être, voient le jour, et bien sûr, avant tout, dans les cités-États italiennes : le premier aspect serait l'introduction, l'infiltration d'une nouvelle morale qui ne concorde plus que sur certains points avec l'éthique chrétienne...

Kluge : ... dans le sens où je suis agréable à Dieu quand ma fortune augmente, c'est-à-dire que je peux calculer à l'extérieur combien je suis bon à l'intérieur.

Vogl : Oui, bien sûr. On pourrait dire qu'il y a une sorte de morale calculatrice là-dedans, une bonté quantifiable.

Kluge : Une échelle pour mesurer le zèle, une pour l'intelligence, une pour la continuité.

Vogl : Et même une échelle pour mesurer la méchanceté. S'il est vrai qu'un usurier du Moyen Âge se retrouve un jour au purgatoire, alors ce purgatoire fonctionne précisément selon une échelle graduée. Cela signifie que l'on est condamné à y aller, que l'on doit y purger tant et tant d'années, et que l'on se voit infliger des supplices infernaux à proportion de l'usure pratiquée, avec intérêts et intérêts des intérêts. Et ce n'est que progressivement, échelon par échelon, que l'âme noire est purifiée. Ce rapport entre morale et calcul aura un grand avenir. On le trouve encore dans le calcul des futures peines de prison, par exemple. Le temps quantifiable se transforme en unité morale de calcul. C'était le premier aspect. Le deuxième implique que l'objet de valeur devienne autonome, que les objets, les biens, puissent circuler et qu'ainsi se constituent une vie propre, des objets dotés d'une âme et d'une volonté propre.

« LES MARCHANDISES ONT-ELLES DES PIEDS ? » / L'ARGENT COMME AUTOPOÈTE

Kluge : Les marchandises ont des pieds : elles vont là où il y a un intérêt pour elles, là où il y a un intérêt pour leurs maîtres.

Vogl : Oui. C'est le deuxième aspect. Et le troisième, décisif au plus tard depuis la Renaissance et jusqu'à la création d'une économie politique, signifie que, de plus en plus, cette vie se dérobe au savoir et à la prise consciente que nous avons sur elle, tout en obéissant à des lois impénétrables. Elle commence à développer ses propres forces, à faire naître des relations dont on ne sait rien, dans le dos des individus. Nous voilà réunis autour d'une table, mais, simultanément, nous sommes peut-être liés – de manière bien plus forte et fatidique que nous ne pouvons l'imaginer, ici et maintenant – à d'autres faits, à d'autres gens, à d'autres personnes, à des banques et à des entreprises, à des transactions et à des opérations bancaires. Je crois que ces trois aspects – une morale quantifiable et calculatrice, une vie artificielle qui développe ses propres principes, ses propres jambes, ses propres forces psychiques et physiques, et enfin les relations qui, dans le dos des gens, dans un espace de l'inconscient pour ainsi dire, font que les gens se fréquentent, et qu'ils bougent même quand ils sont immobiles – sont les composantes qui créent un nouveau rapport de l'individu avec ce qu'il sait être au-dessus de lui, avec sa morale, avec ses facultés motrices.

Kluge : Le sentiment de vertige a aussi son revers : c'est aussi un roman que l'on peut déchiffrer – les valeurs montent, descendent –, un roman passionnant pour les jeunes gens qui peuvent les lire. Peut-on le voir ainsi ?

Vogl : C'est un roman passionnant qui, cependant, renferme un problème : les événements qui y sont décrits sont très peu narratifs. Si, premièrement, tout récit, de l'épopée au roman moderne, veut rendre visibles des événements, des successions d'événements, et si, deuxièmement, il veut relier ces événements de manière plausible et compréhensible, alors les événements économiques représentent une énorme épreuve en matière de narration, pour le récit lui-même ; car il faut raconter des événements qui ne sont pas sensibles et qui n'impliquent pas seulement le corps ; il faut rendre visibles des événements...

Kluge : ... comme à la bourse...

Vogl : ... oui, par exemple. Des événements qui n'entretiennent pas de rapports visibles et tangibles les uns avec les autres. Il faut donc rendre sensibles des faits anesthétiques.

Kluge : On ne peut pas se limiter à la logique, ni à la nécessité, ni à une volonté unique, car au contraire, toute information possible est déjà incluse dans le cours de la bourse au moment du krach boursier, et le simple hasard peut provoquer des changements.

Vogl : Même le hasard peut dicter des changements. Et l'on peut dire que les événements de ce type doivent être racontés de la même manière que l'on lirait des courbes statistiques : les mouvements ne dépendent ni de personnes, ni de volontés, ni de décisions isolées, ni même d'ordres isolés, ils décrivent plutôt l'imbrication de toutes les volontés, de toutes les personnes, de toutes les décisions et de leur contexte, y compris les hasards ; ils produisent ainsi une courbe, l'évolution d'une cote, ou d'une cotation en bourse. Comment raconter cela ? Je crois que, depuis le XVIIIe siècle, si ce n'est même avant, un problème éminent du récit est de rendre racontables les relations invisibles mais quantifiables qui existent entre tous les événements, de les re-transposer en une structure qui pourrait composer un processus épique, comme jadis l'*Odyssée*. Comment peut-on raconter, si ces événements ne consistent plus simplement à voyager d'île en île, à faire une rencontre après l'autre ?

Kluge : Qu'appelle-t-on roman ?

Vogl : Un roman – mais ce n'est pas une définition très scientifique – serait la connexion narrative d'événements disparates qui peut en même temps rendre visible le lieu dans lequel ces événements sont liés. Autrement dit : chaque roman possède un principe qu'il révèle, explicitement ou implicitement, et à partir duquel ses événements narratifs peuvent comporter des connexions fondamentales, une règle d'enchaînement. De ce point de vue, la *Bible* serait un roman, dans la mesure où elle relie tous les événements dans la perspective du Salut. De même, mais d'un point de vue tout à fait différent, on pourrait considérer que l'*Odyssée* est un roman au sens le plus large : il connecte tous les événements dans la perspective du retour au pays. Ainsi pourrait-on assembler des chaînes d'événements différentes, soit étendues, horizontales, comme dans l'épopée homérique, soit ascendantes, verticales, comme dans l'histoire du Salut, des chaînes qui obéiraient à des conditions et à des règles de connexion différentes, et qui indiqueraient comment on passe d'un lieu à un autre, d'une date à la suivante.

Kluge : C'est donc une forme de base de la narration ?

LE ROMAN COMME AIMANT

Vogl : C'est *la* forme de base de la narration. Et il me semble que ce qui est intéressant dans cette façon de raconter réside aussi dans le fait que chaque roman, bon ou mauvais, célèbre ou moins célèbre, entreprend l'effort de rendre visible, d'une façon ou d'une autre, sa technique de connexion. Pour ce faire, il donne une clef. Et il fonctionne comme une mémoire, une mémoire pour les relations entre les événements.

Kluge : Le roman est donc un contenant ?

Vogl : Oui.

Kluge : Un contenant pour l'expérience.

Vogl : Et je dirais même qu'il forme les archives des événements transcrits et des liens entre ceux-ci. À certains moments, le lecteur est, plus ou moins clairement, amené à un endroit depuis lequel il a devant les yeux, de façon claire et ordonnée, la masse des événements et toutes leurs interconnexions possibles.

Kluge : En comparaison, qu'est-ce qu'un krach boursier ?

Vogl : Je crois que si on le considérait, premièrement, dans une perspective de « racontabilité » et, deuxièmement, dans celle d'un enchaînement d'événements, alors le krach boursier serait la dissolution soudaine des connexions d'événements racontables.

Kluge : Donc, non pas fabrication, contenant, mémoire d'événements, mais fin et implosion du roman ?

Vogl : Si la bourse, le roman boursier, consiste à établir le chemin d'un événement à un autre – et, du point de vue économique, on pourrait dire le chemin d'un paiement à un autre – à condition qu'il y ait une suite à chacune de ces opérations, s'il consiste, donc, à offrir une perspective dans laquelle chaque paiement, en matière de bénéfices ou de pertes, peut garantir simultanément une suite, une nouvelle connexion possible, alors le krach boursier serait la dissolution de ce réseau : certaines opérations n'ont soudain plus de suite. La règle de connexion ne fonctionne plus.

Kluge : On nous reprend la clef ?

Vogl : C'est cela. Et la masse des événements se désintègre...

Kluge : ... le contenant se brise...

Vogl : ... ou bien la texture se dissout. Soudain, ce tissu, ce système, ce réseau de chemins, est...

Kluge : ... morcelé...

Vogl : ... disloqué ; et finalement, il ne reste plus que les singularités des événements déliés, sans aucune suite possible. Ce qui reste, c'est pour ainsi dire une connexion d'événements réduite en poussière, un tas, un tourbillon dans lequel les grains de poussière isolés ne peuvent plus être mis en relation.

KRACH BOURSIER / CRISE DE LA FOI

Kluge : Il faut alors investir beaucoup de foi pour réparer tout cela. Mais bizarrement, c'est ce qui arrive.

Vogl : Une crise boursière est bien sûr le déclencheur d'une vague d'incroyance. On pourrait même dire qu'elle est la perte d'une ignorance en matière d'escroquerie. Le crédit de confiance nécessaire consiste en un étrange revirement paradoxal : je suis obligé de croire, d'accepter, d'admettre, que je suis escroqué d'une manière judicieuse, et donc également d'une manière économiquement supportable et efficace. En 1923, par exemple, la transformation du reichsmark, cette explosion de chiffres, cette hyperinflation aboutissant au *rentenmark*, n'est rien d'autre qu'une escroquerie très plausible, c'est-à-dire la tentative de faire comme si, soudain, et par décret, certains biens immobiliers, certaines terres, étaient disponibles, comme si le *rentenmark* permettait de les avoir en main, pour ainsi dire. Bien sûr, ce n'est pas le cas *de facto*.

Kluge : Désormais lacs, montagnes, fleuves et champs de l'Empire allemand peuvent être transformés en bons du Trésor. Cependant, ils n'appartiennent pas à l'Empire allemand ; ce sont des propriétés privées.

Vogl : C'est le premier point. Le deuxième, c'est que l'on est obligé, en quelque sorte, de se laisser escroquer, de collaborer à la création d'une foi réelle selon laquelle il y aurait une correspondance fiable, une relation solide entre les choses matérielles et les événements spirituels immatériels qui sont imprimés sur un morceau de papier. On est obligé de croire à une promesse qui ne peut être tenue ; en novembre 1923, parmi toutes les personnes ayant tenu dans leurs mains ce *rentenmark* étonnamment stable, aucune n'aurait pu aller à la Rentenbank pour réclamer ne serait-ce qu'un mètre carré de sol allemand.

Kluge : Qui ne lui appartient pas.

Vogl : Exactement, mais la foi consiste à faire comme si cette propriété existait ; on se sert alors de l'argent comme s'il était pourvu d'un référentiel solide, comme s'il ouvrait un droit à des valeurs. Mais ce que je tiens dans la main n'est qu'un papier avec le chiffre « un » imprimé dessus, une donnée tout simplement immatérielle et fantasmatique.

Kluge : Jusqu'en 1949, l'industrie de l'armement peut vraiment financer la guerre, donc réunir une somme assez importante ; elle peut exiger un vrai rendement. Le sentiment qui est imprimé sur le papier est le suivant : nous sommes encore tous ensemble, après la crise du *goldmark*, du mark de la guerre, nous sommes encore tous là, nous sommes encore bien vivants, et c'est sur ce principe de réciprocité que l'on peut obtenir un bon du Trésor de l'Empire.

Vogl : C'est vrai, et au fond, la création d'un esprit communautaire, d'un nouvel esprit communautaire, s'effectue au moyen d'une opération minuscule, c'est-à-dire en remplaçant un nombre avec douze zéros par le chiffre « un ». L'union sociale recommence à fonctionner grâce à cette illusion efficace, si vous voulez.

Kluge : En ce sens, l'argent raconte toujours une histoire. Et il se rapproche ainsi, de nouveau, du roman, mais d'une façon bien plus abstraite.

Vogl : On trouve des romans qui ont tenté de raconter cette histoire, et dont l'enjeu est justement la manière dont des transactions invisibles et des événements immatériels de ce type peuvent effectivement se répercuter sur les récits eux-mêmes.

Kluge : Le roman d'un écrivain français ?

Vogl : Le roman d'Émile Zola, *L'Argent*.

TABLE

Achevé d'imprimer dans l'Union européenne
pour le compte de diaphanes, Bienne-Paris en 2013

© diaphanes
Bienne-Paris 2013
ISBN 978-2-88928-006-3

www.diaphanes.fr